Wolfgang Rund

Software-Praxis Word 7.0

westermann

Dieses Papier wurde
aus chlorfrei gebleichtem
Zellstoff hergestellt

NEUE RECHTSCHREIBUNG

1. Auflage	Druck	5	4	3	2	1
Herstellungsjahr:		2001	2000	1999	1998	1997

Alle Drucke dieser Auflage können im Unterricht parallel verwendet werden.

Westermann Schulbuchverlag GmbH, Braunschweig 1997
Verlagslektorat: Dr. Steffen Decker
Verlagsherstellung: Herbert Heinemann
Herstellung: westermann druck GmbH, Braunschweig

ISBN 3-14-**21 0302**-3

Inhaltsverzeichnis

Inhaltsverzeichnis

1 Zu diesem Buch - Das etwas andere Vorwort

Zu diesem Buch - Das etwas andere Vorwort

Für wen ist dieses Buch gedacht?

Es ist ein Buch für alle Anwender in Schulen und betrieblichen Bildungsstätten, sowie Privatanwender, die schnell und unkompliziert in die neue Softwaregeneration unter Windows 95 einsteigen wollen. Und wer seine Software im Selbststudium „entdecken" möchte, findet hier ebenfalls genau das Richtige.

Was ist das Besondere an diesem Buch?

Anders als herkömmliche Bücher zur Anwendung einer Software beinhalten die Westermann-Hefte **SOFTWARE-PRAXIS** keine Auflistung aller Leistungsmerkmale eines Programms. Vielmehr werden nur die Themen behandelt, die auch im Alltag wirklich gebraucht werden. Dabei steht meist ein Projekt im Vordergrund, an dem die wichtigsten Funktionen knapp aber präzise beschrieben werden.

Reduziert auf das Wesentliche kann sich so der Neueinsteiger zügig mit dem Programm „anfreunden". Durch die besondere Gliederung des Buches kommen Sie schnell zum Ziel. Und genau das wollen die meisten Anwender: Einen schnellen und sicheren Weg zur Lösung einer Aufgabe.

Welches Konzept liegt diesem Buch zu Grunde?

Die einzelnen Kapitel zeigen Beispiele aus der Praxis. Dabei wird die Lösung einer Aufgabe in folgende Schritte gegliedert :

- **Ziel:**
  Erläutert das Problem und formuliert die konkrete Aufgabe.

- **Lösung:**
  Mit „Rezepten" zum sofortigen Nachvollziehen, wird schrittweise zum gewünschten Ergebnis hingeführt. Bildschirmfotos unterstützen bei der Lösungsfindung.

- **Ergebnis:**
  Das Ergebnis wird in Worten und als Bildschirmfoto dargestellt.

- **Hinweis:**
  Zeigt zusätzliche oder alternative Möglichkeiten auf, die zur Lösung der Aufgabe angewendet werden können. Dieser Abschnitt kann auch Tips enthalten, die für den Anwender nützlich sind. Grundsätzlich gilt: Die Hinweise können, müssen aber nicht gelesen werden, um einen Sachverhalt zu verstehen.

Durch diesen Aufbau werden komplexe Funktionszusammenhänge leicht verständlich und nachvollziehbar. Die Praxis-Beispiele wurden so gewählt, dass Sie auch auf andere bzw. ähnliche Aufgaben übertragen werden können.

Fast wie ein Bilderbuch - Ein Wort zu den Bildschirmfotos

In diesem Buch zeigen viele Bildschirmfotos die jeweilige Arbeitssituation. Vielleicht sehen Sie mehr Fotos als in anderen Büchern, aber das wurde beabsichtigt. Der Grund ist einfach: Bildhafte Informationen werden leichter und schneller aufgenommen als lange Texterklärungen. So sehen Sie gleich, wie es auf Ihrem Bildschirm aussehen kann.

Wie Sie mit dem visuellen Index arbeiten

Ebenfalls anders als in herkömmlichen Büchern ist der **Visuelle Index**. Sie finden ihn ab Kapitel 2 jeweils am Anfang eines Kapitels. Dort sehen Sie Abbildungen mit Kommentaren. Die Kommentare weisen auf eine bestimmte Arbeitstechnik hin, z.B. auf eine *Fett-Formatierung*. Gleich neben dem Kommentar steht die Seitennummer, auf der Sie lesen können, wie eine Formatierung im Fettdruck durchgeführt wird.

So können Sie sich je nach Aufgabenstellung das Gewünschte heraussuchen und im Kapitel nachschlagen. Zusätzlich unterstützt Sie dabei ein umfangreiches Stichwortverzeichnis am Ende des Buches.

Was Verlag und Autor Ihnen noch sagen möchten

Trotz sorgfältiger Erarbeitung sind Fehler nicht ganz auszuschließen. Deshalb wird keine Garantie übernommen, dass alles wie beschrieben funktioniert. Auch gibt es keinerlei Haftung für Folgen, die auf fehlerhafte Angaben zurückgehen.

Wir wünschen Ihnen mit diesem Buch nicht nur viel Erfolg, sondern auch viel Spaß. Für Hinweise und Verbesserungsvorschläge sind Autor und Verlag jederzeit aufgeschlossen und dankbar.

Autor und Verlag — Braunschweig, Januar 1997

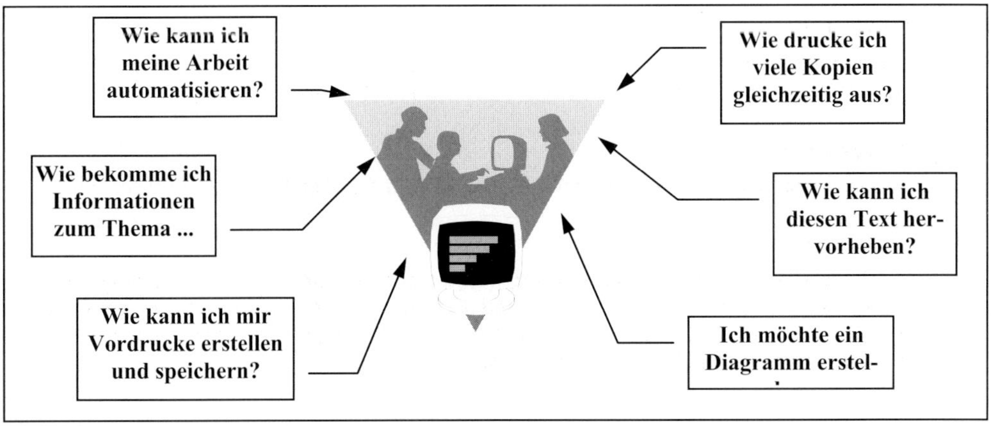

Antworten zu diesen und anderen Fragen gibt Ihnen die SOFTWARE-PRAXIS von ***westermann***

2 Word stellt sich vor

Aller Anfang ist leicht - mit einem Klick auf *Start* können Sie *Word* aus dem Menü heraus starten.
Seite 6

So zeigt sich *Word* nach dem Start. Die Bedeutung der Bildschirmelemente erfahren Sie auf
Seite 8

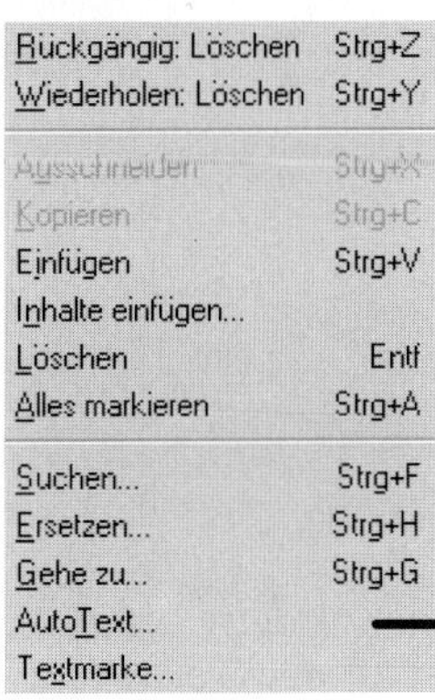

Wie Sie Menüs öffnen und schließen und was da so alles drinsteht, erfahren Sie ab
Seite 9

Wenn Sie mal nicht mehr weiterwissen, haben Sie ja dieses Buch. Wie Sie aber die eingebaute *Word*-Hilfe benutzen, lesen Sie ab
Seite 12

Zwei Möglichkeiten zum Starten von Word

➢ **Ziel:**

Sie möchten die Möglichkeiten zum Start Ihrer Textverarbeitung Word kennenlernen.

➢ **Lösung:**

Nachdem Sie Windows 95 gestartet haben, klicken Sie auf den *Start*-Knopf und bewegen Sie

den Mauszeiger auf den Eintrag *Programme*. Im automatisch aufgeklappten Menü klicken Sie dann auf den Eintrag *Microsoft Word*.

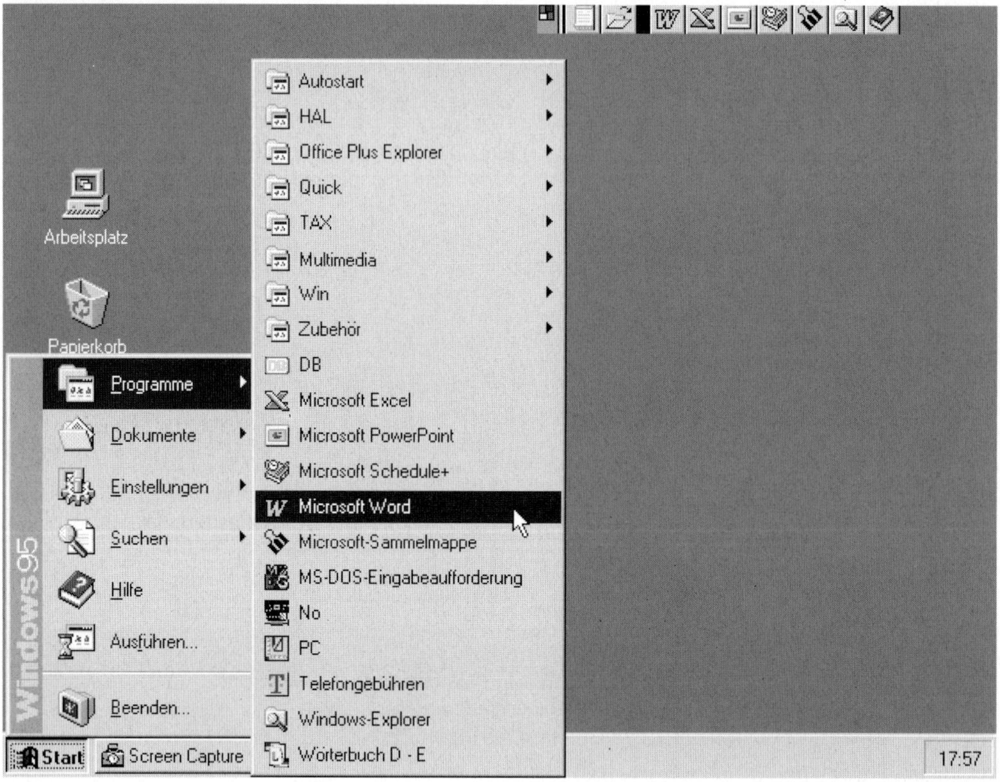

Wenn Sie Word zusammen mit dem Office-Paket erworben haben, können Sie die Textverarbeitung auch über die Office-Shortcut-Leiste starten.

➢ **Hinweis:**

Arbeiten Sie mit dem Office-Paket, können Sie auch einen ganz anderen Weg zum Start von *Word* wählen: Klicken Sie in der Office-Shortcut-Leiste auf das Symbol *Ein neues Dokument beginnen.*

In dem dann eingeblendeten Dialogfeld *Neu* werden Ihnen verschiedene **Registerkarten** angezeigt, die den verschiedenen Dokumenttypen entsprechen, die Sie mit allen Office-Programmen erstellen können.
Mit einem Klick auf den Karteikartenreiter wählen Sie die entsprechende Kategorie. Innerhalb der Karteikarte klicken Sie dann doppelt auf das gewünschte Symbol.

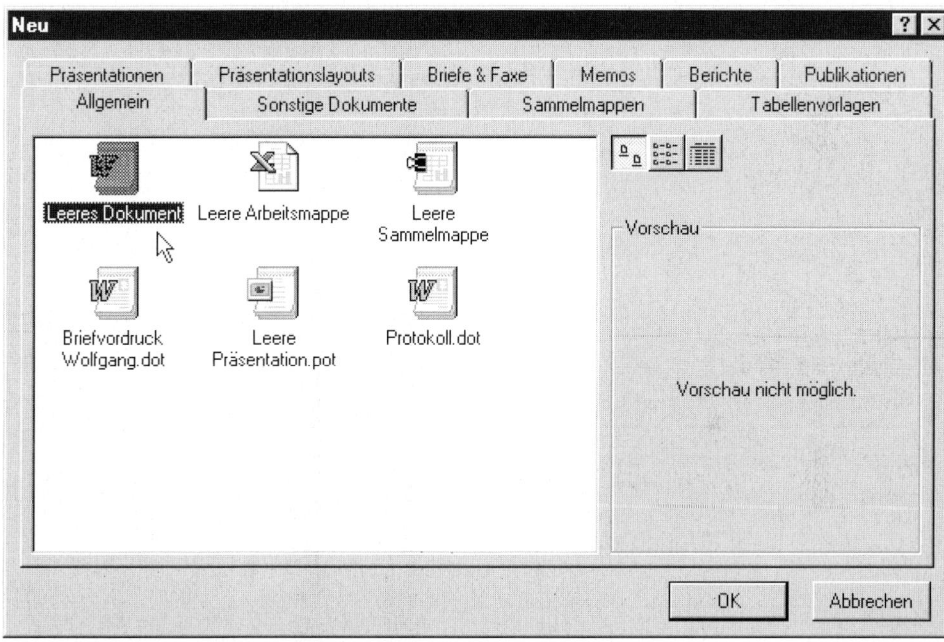

Notizen

2.2 Was so alles zu sehen ist - Der Bildschirm zur Textverarbeitung

Der *Word*-Bildschirm enthält verschiedene Standardelemente. Die sollten Sie sich vor der ersten Texteingabe erst mal ansehen:

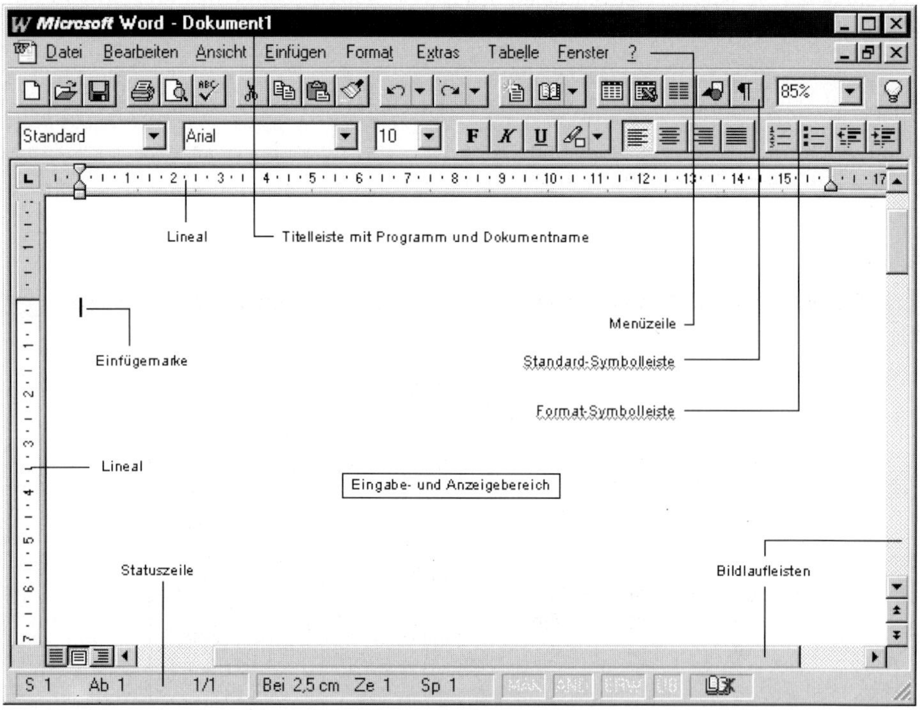

Element	Bedeutung
Titelleiste	Hier stehen Programmname und Dokumentname. Beim ersten Start hat *Word* automatisch den Namen *Dokument 1* vergeben.
Menüzeile	Beeinhaltet verschiedene Menüs, über die alle Programmfunktionen aufgerufen werden können.
Standard-Symbolleiste	Stellt grundlegende Funktionen in Form eines Symbols zur Verfügung, welches nur mit der Maus angeklickt wird. Der Befehl wird dann sofort ausgeführt.
Format-Symbolleiste	Stellt grundlegende Funktionen zur Formatierung in Form eines Symbols zur Verfügung. Die Funktionen wirken sofort auf den markierten Text oder auf die folgende Texteingabe.
Lineal	Hiermit werden Absatzeinzüge, Tabulatoren, Spalten, Tabellen und Seitenränder eingestellt.
Einfügemarke	Sie markiert die Position der Texteingabe.
Bildlaufleisten	Hiermit kann die Position im Text verändert oder erkannt werden.
Statuszeile	Liefert Informationen zum Text, z.B. die aktuelle Seitenzahl, auf der sich die Einfügemarke gerade befindet oder die Zeilennummer, in der sich die Einfügemarke gerade befindet.
Eingabe- und Anzeigebereich	Dies ist die aktive Arbeitsfläche von *Word* , in der Texte und andere Elemente, z.B. Grafiken, eingegeben und bearbeitet werden.

2. 3 Speisekarte zur Selbstbedienung - Die Menü- und Symbolleiste

Die Menüleiste enthält verschiedene Menüs in Textform, die in den Office-Programmen alle eine einheitliche Struktur aufweisen. So enthält z.B. das Menü *Datei* immer den Befehl zum Drucken, egal ob in der Textverarbeitung oder in einem Tabellenkalkulationsprogramm.

➢ **Ziel:**

Sie können mal kurz in Menüs reinschauen und wichtige Merkmale unterscheiden. Weiterhin können Sie ein Menü schließen, ohne einen Befehl auszuführen.

➢ **Lösung:**

Klicken Sie auf das Menü *Bearbeiten,* um es aufzuklappen. Sie sehen sofort, dass die Menüeinträge unterschiedlich sind.

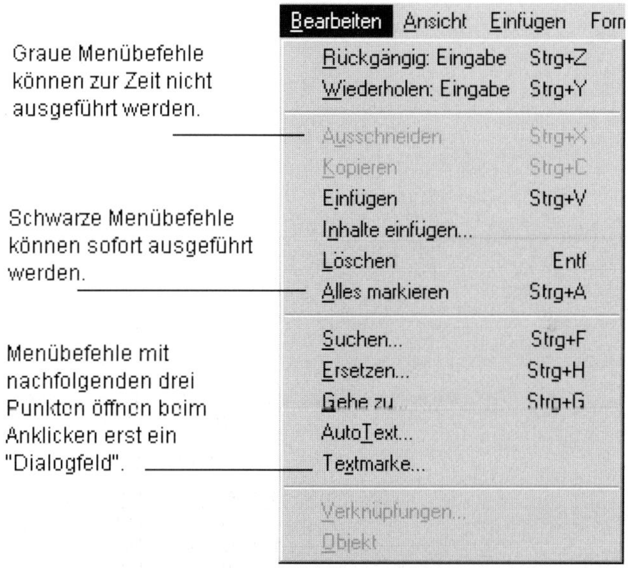

Um ein anderes Menü zu öffnen, bewegen Sie einfach den Mauszeiger auf den entsprechenden Menünamen, z.B. auf das Menü *Ansicht.* Das vorher geöffnete Menü wird automatisch geschlossen und das neue Menü geöffnet.
Um ein Menü zu schließen, ohne jedoch einen Befehl zu aktivieren, klicken Sie einfach auf eine freie Stelle in Ihrem Textdokument.

Im Menü *Ansicht* können Sie weitere Merkmale erkennen: Menüeinträge mit einem Häkchen oder einem Punkt.

Häkchen kennzeichnen Optionen, die ein- oder ausgeschaltet werden können. Ist das Häkchen gesetzt, ist auch die entsprechende Option eingeschaltet.

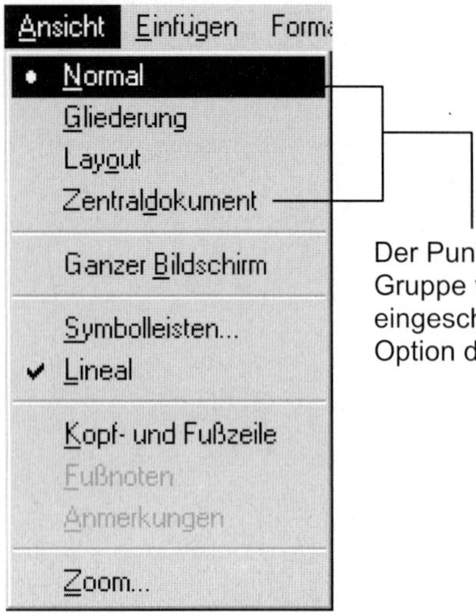

Der Punkt vor einem Menü kennzeichnet in einer Gruppe von zusammengehörigen Befehlen die jeweils eingeschaltete Option. Dabei kann immer nur eine Option der Gruppe eingeschaltet sein.

Wenn Sie im aufgeklappten Menü *Ansicht* den Mauszeiger auf einen beliebigen Eintrag bewegen, zeigt Ihnen *Word* in der Statuszeile am unteren Bildschirmrand die Bedeutung des Menüeintrags durch eine kurze Textinformation an. Ohne die Maustaste zu drücken, können Sie sich so von Befehl zu Befehl „durcharbeiten“, um dessen Bedeutung zu lesen.

➢ **Ziel:**

Sie lernen die Bedeutung der Symbole kennen und können weitere Symbolleisten ein- und ausblenden.

➢ **Lösung:**

Bewegen Sie den Mauszeiger auf ein beliebiges Symbol in der Standard- oder Formatsymbolleiste. Lassen Sie den Mauszeiger ruhig auf dem Symbol stehen und drücken Sie **keine** Maustaste.

➢ **Ergebnis:**

Word blendet nach einer Sekunde eine gelbe Infobox ein, in der die Bedeutung des Symbols erklärt wird. Sie sehen also, dass ein Auswendiglernen überflüssig ist, da sich die Symbole selbst erklären.

➢ **Hinweis:**

Um weitere Symbolleisten während Ihrer späteren Arbeit einzublenden, wählen Sie den Befehl *Ansicht / Symbolleisten...* und klicken Sie im Dialogfeld z.B. in das Optionskästchen *Formular.* Nach dem Klick auf die Schaltfläche *OK* blendet *Word* eine neue Symbolleiste ein, die frei auf dem Arbeitsbereich verschoben werden kann.

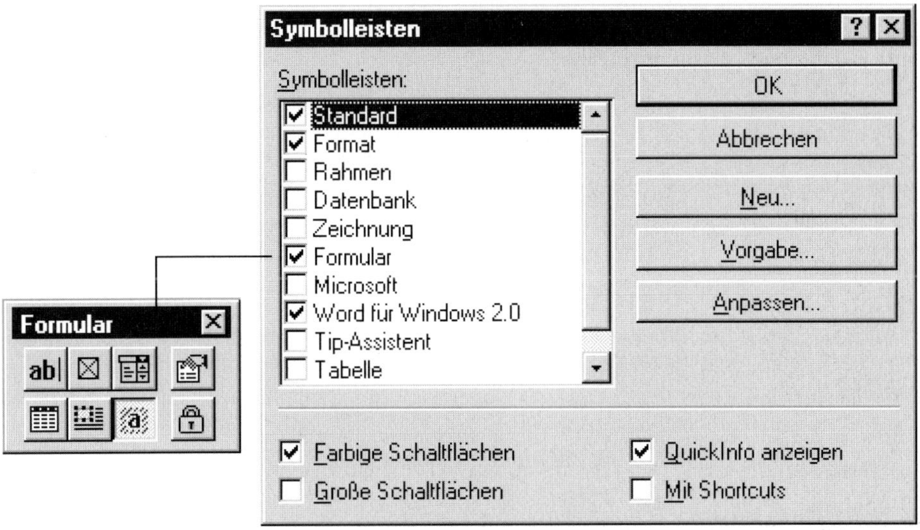

Um die neue Symbolleiste zu verschieben, setzen Sie den Mauszeiger in die Titelleiste und ziehen bei gedrückter linker Maustaste die Symbolleiste auf eine andere Position.
Um die Symbolleiste auszublenden, klicken Sie einfach auf die kleine Schaltfläche mit dem Kreuz, rechts oben in der Titelzeile der Symbolleiste. Sie können sie aber auch über den Befehl *Ansicht / Symbolleisten...* wieder ausschalten, indem Sie das Häkchen vor dem entsprechenden Namen durch Mausklick entfernen.

Notizen

2. 4 Ein Handbuch ohne Papier - Die Word-Hilfe

Während Ihrer Arbeit mit *Word* wird es irgendwann passieren: Bei der Benutzung einer Programmfunktion kommen Sie einfach nicht weiter oder eine Option in einem Dialogfeld sagt Ihnen überhaupt nichts. Da ist es gut, wenn Sie die eingebaute **Online-Hilfe** von *Word* benutzen können.
Das ist praktisch ein Programm im Programm, das während Ihrer Arbeit nur darauf wartet, per Mausklick erklärende Texte anzuzeigen.

➢ **Ziel:**

Sie können die Hilfe zu einem Befehl in einem Menü aufrufen.

➢ **Lösung:**

Klicken Sie auf das Fragezeichen-Symbol in der oberen Symbolleiste und dann auf ein Menü, z.B. *Format*. Im aufgeklappten Menü klicken Sie auf den fraglichen Menüeintrag, z.B. *Zeichen...*

➢ **Ergebnis:**

Word blendet eine Infobox mit erklärendem Text ein.

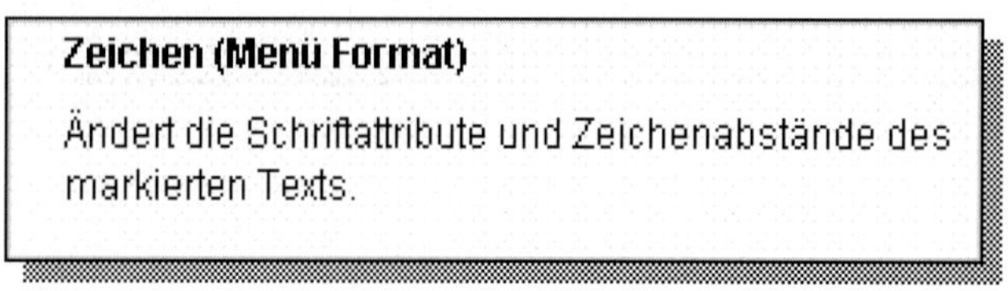

Wenn Sie den Text gelesen haben, klicken Sie in die Infobox, um sie zu schließen.

➢ **Hinweis:**

Wenn Sie mit dem Mauszeiger auf ein Symbol zeigen, wird eine gelbe Infobox angezeigt, die Ihnen die Bedeutung des Symbols erklärt. Wenn Sie jedoch mehr Informationen zu dem Symbol haben möchten, klicken Sie vorher auf das **Fragezeichen-Symbol.**

➢ **Ziel:**

Sie können die Hilfe in Dialogfeldern aufrufen.

➢ **Lösung:**

Klicken Sie auf das Menü *Ansicht* und darin auf den Eintrag *Zoom...* Um jetzt eine Information zu einer Ihnen noch unverständlichen Option zu erhalten, klicken Sie einfach mit der **rechten** Maustaste auf die Option, z.B. auf *Seitenbreite. Word* blendet dann eine Infobox mit erklärendem Text ein.

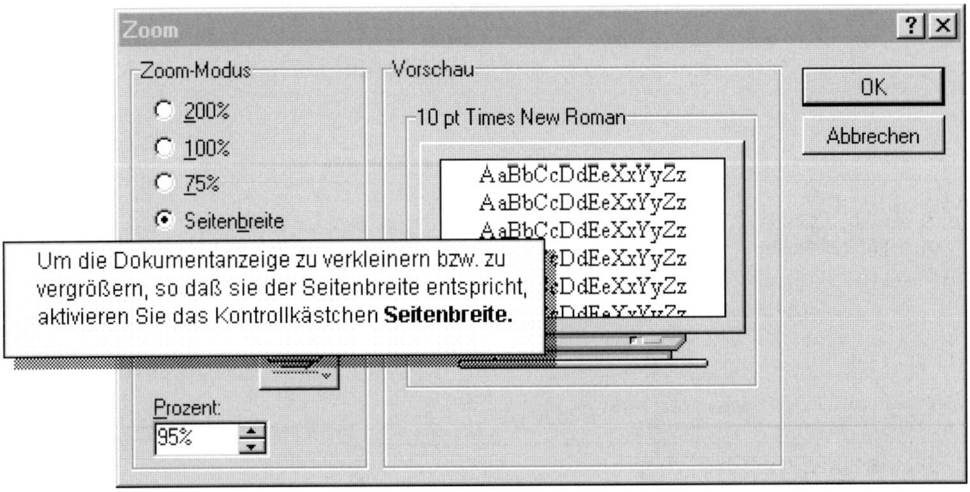

➢ **Hinweis:**

Wenn Sie sich nicht mit der rechten Maustaste anfreunden können, klicken Sie auf die Schaltfläche mit dem Fragezeichen (rechts oben im Fenster) und dann auf die entsprechende Option.

Hilfreiche Geister - Die Assistenten

Word besitzt auch einen praktischen Assistenten, der Ihnen bei Problemen unter die Arme greift.

➢ **Ziel:**

Sie können den *Hilfe-Assistent* von *Word* verwenden.

➢ **Lösung:**

Klicken Sie auf das Menü *?* und darin auf den Eintrag *Hilfe-Assistent.* Im oberen Eingabefeld des Dialogfelds können Sie eine Frage eingeben, um zum gewünschten Hilfethema zu kommen. Geben Sie z.B. den folgenden Text ein:

Vergrößern der Textansicht.

Klicken Sie dann auf die Schaltfläche *Suchen.* In der Liste darunter wählen Sie per Mausklick ein Thema aus und klicken dann auf die Schaltfläche *Anzeigen.*

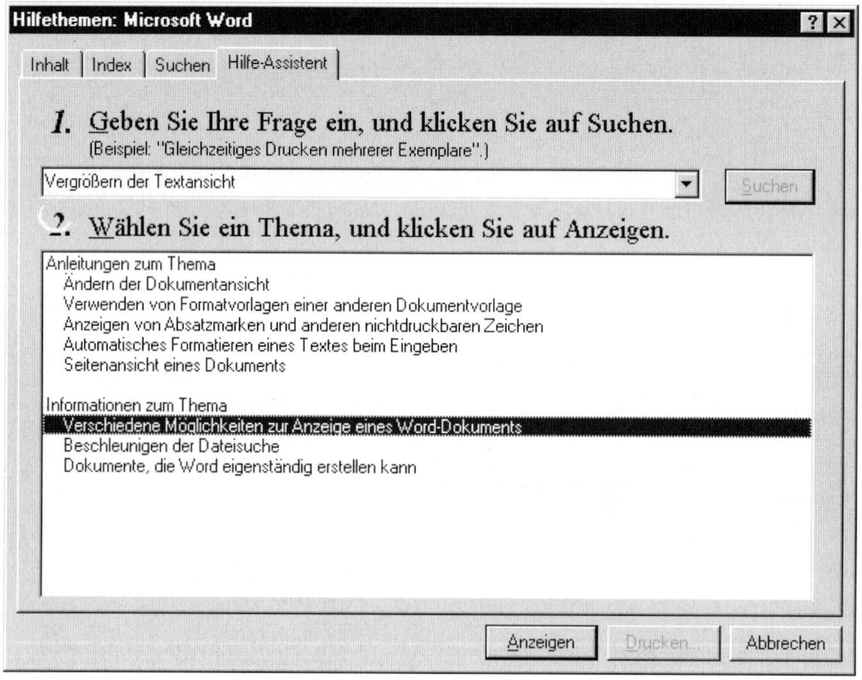

➢ **Ergebnis:**

Word blendet das Hilfefenster zum Thema ein, indem Sie sich dann per Mausklick weitere Informationen anzeigen lassen können.

Notizen

3 Schreiben ist ganz einfach

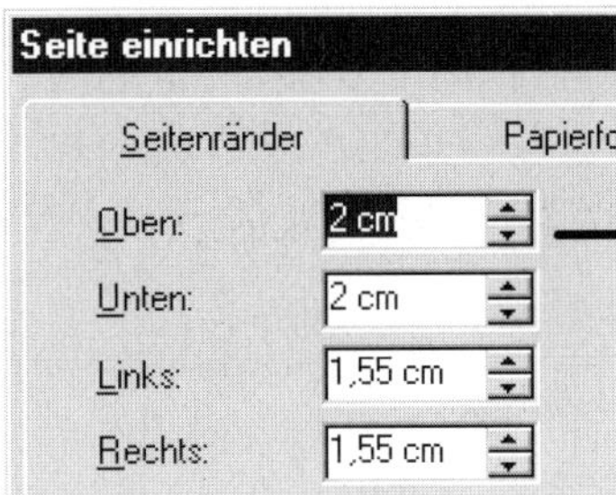

Damit Sie wissen, welchen Platz Sie zum Schreiben haben, stellen Sie zuerst die Seitenränder ein.
Seite 16

Schriftart und Schriftgröße sind frei einstellbar.
Seite 18

Sonderzeichen im Text und ihre Bedeutung steht auf
Seite 22

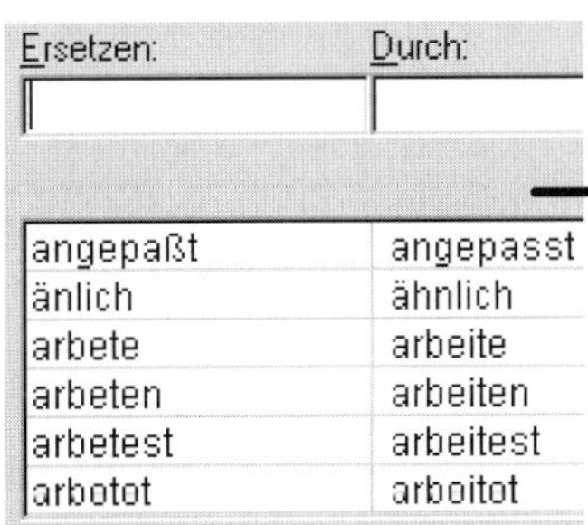

Mit der AutoKorrektur lässt sich jede Menge an Korrekturarbeit sparen.
Seite 27

Nichts muss bleiben wie es ist. Stellen Sie einfach Ihre Texte um.
Seite 32

Eine der wichtigsten Funktionen: Das Rückgängigmachen von Funktionen.
Seite 34

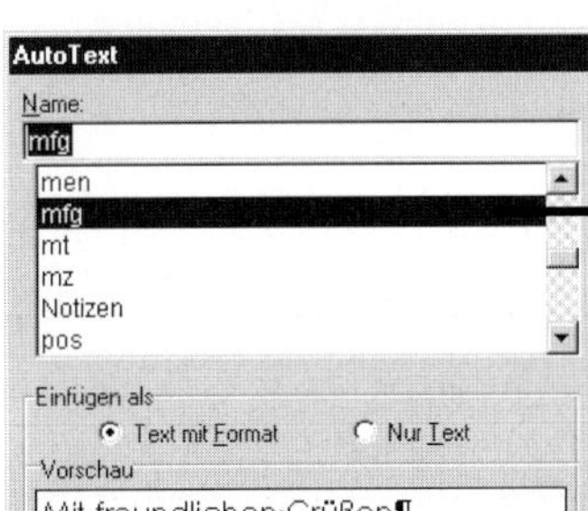

Texte auf Knopfdruck. Die Funktion AutoText macht's möglich.
Seite 39

Und so Speichern Sie Ihre Texte auf der Festplatte.
Seite 42

3 Schreiben ist ganz einfach - Den ersten Text eingeben und korrigieren

Bei der Erstellung eines Textdokuments können Sie sich an der folgenden Vorgehensweise orientieren:

❶ Texte eingeben	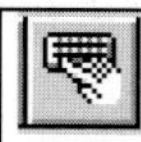
❷ Texte korrigieren	
❸ Texte formatieren	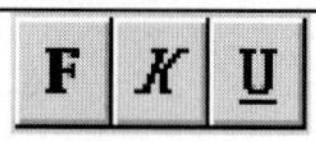
❹ Texte prüfen	
❺ Texte speichern	
❻ Texte drucken	

Da sich diese „Spielregeln“ in der Praxis oft als zweckmäßig erwiesen haben, wird das folgende Beispieldokument ebenfalls in dieser Reihenfolge erstellt.

3.1 Immer zuerst - Das Seitenlayout festlegen

Bevor Sie jetzt den ersten Übungstext eingeben, sollten Sie zuerst die „Seite einrichten“, d.h. z.B. die Seitenränder festlegen, damit Sie wissen, in welchem Bereich des Blattes Ihr Text steht und gedruckt wird.
Auch die Ausrichtung der Seite, Hochformat oder Querformat, sollten Sie vorher bestimmen.

➢ **Ziel:**

Sie können eine Seite individuell einrichten, indem Sie die Seitenränder und die Ausrichtung des Formats bestimmen.

➢ **Lösung:**

Wählen Sie den Befehl *Datei / Seite einrichten...* Im Dialogfeld klicken Sie auf den Reiter der Registerkarte *Seitenränder* und stellen darin die Werte der folgenden Abbildung ein.
Dazu klicken Sie entweder in ein weißes Eingabefeld und geben die Zahl über die Tastatur ein oder Sie klicken auf einen der kleinen Pfeile neben den Eingabefeldern.

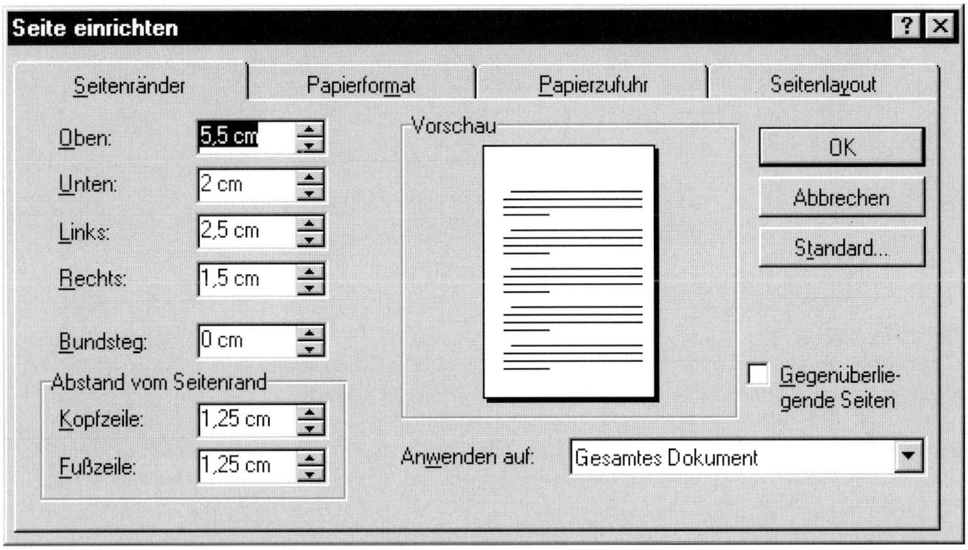

➢ **Hinweis:**

Der obere Rand wurde deshalb mit einem Abstand von 5,5 cm gewählt, damit die Absenderzelle genau in einen Fensterumschlag passt.

Klicken Sie noch auf den Reiter der Registerkarte *Papierformat*, um zu überprüfen, ob als Seitenausrichtung A4-Hochformat eingestellt ist. Schließen Sie dann das Dialogfeld mit einem Klick auf *OK*.

Notizen

3.2 Schriftart und Schriftgrad einstellen

Für besondere Anlässe gibt es besondere Schriften. Wenn Sie jedoch Anlass und Schriftart nicht aufeinander abstimmen, hinterlässt das beim Empfänger des Briefes nicht gerade einen guten Eindruck. So ist ein technischer Text in einer kunstvoll geschwungenen Schreibschrift genauso unangebracht wie eine Comic-Schriftart in einem Behördenbrief. Auch der Schriftgrad (Schrifthöhe) ist natürlich von Bedeutung.

Für den „normalen" Standardbrief sollten Sie entweder die moderne Schriftart „Arial" (jede Schriftart hat einen Namen) oder die klassische Schriftart „Times New Roman" verwenden.

➢ **Ziel:**

Sie können die Schriftarten und den Schriftgrad über die Symbolleiste einstellen, bevor Sie den ersten Text eingeben.

➢ **Lösung:**

In der Format-Symbolleiste finden Sie ein Feld zur Einstellung der Schriftart. Dort steht wahrscheinlich der Name „Times New Roman" - das ist die momentan eingestellte Schriftart.

Klicken Sie rechts von diesem Namensfeld auf den Abwärtspfeil. Es öffnet sich ein Listenfeld, in dem alle Schriftarten aufgeführt sind, die sich auf der Festplatte Ihres Rechners befinden. Die Liste enthält auch eine Laufleiste, mit der Sie per Mausklick auf die Pfeile durch die Liste blättern können. Klicken Sie in der Liste auf die gewünschte Schriftart, in diesem Fall „Arial".

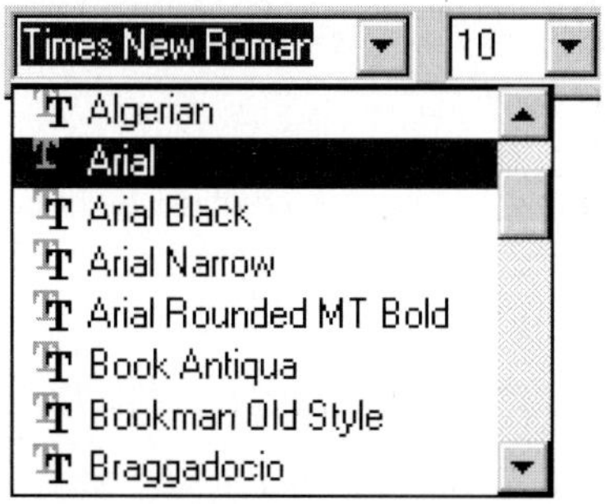

In dem rechts daneben liegenden Feld weist die Zahl auf den eingestellten Schriftgrad hin. Damit ist in etwa die Höhe der Schriftzeichen gemeint. Sollte es erforderlich sein, stellen Sie auch hier die Schriftgröße durch einen Klick auf den Abwärtspfeil ein. In der eingeblendeten Liste werden verschiedene Größen angeboten.
Sie können auch Zwischengrößen eingeben, indem Sie direkt in das Zahlenfeld klicken und eine Zahl eingeben.

Stellen Sie jetzt den Schriftgrad 10 ein.

➢ **Ergebnis:**

Sie haben die Schriftart und den Schriftgrad eingestellt. Alle Zeichen, die Sie im Folgenden eingeben, werden mit dieser Schriftart dargestellt.

➢ **Hinweis:**

Was bedeutet denn genau „Schriftgrad"?
Windows-Programme messen die Schriftgröße in einer typographischen Maßeinheit - dem Punkt.

Die Zahl 10 bezieht sich somit auf eine Schriftgröße von 10 Punkt. Für viele Anwender ist diese Einheit sicherlich ungewöhnlich, sind doch cm oder mm viel geläufiger.

Zur besseren Einschätzung der Schriftgröße können Sie die abgebildete Tabelle zur Hilfe nehmen. Damit fällt es leicht, die Punkte in mm umzurechnen.

Schriftgrad in	
Punkt	**Millimeter**
8	2,82
10	3,52
12	4,23
14	4,94
18	6,35
24	8,47
30	10,58
36	12,6
48	18,0
72	25,4

Die angegebenen Größen beziehen sich jedoch nicht auf die tatsächliche Höhe der Großbuchstaben, sondern auf die Lettern (Schriftkörper), die den Buchstaben tragen. Diese Technik stammt noch aus den Zeiten des Bleisatzes und gehört damit zur Geschichte des Buchdrucks.

Notizen

3.3 Schriftarten und mehr - In einem Dialogfeld können Sie's einstellen

Aus Platzgründen sind nicht alle Einstellmöglichkeiten für Schriften in der Symbolleiste zu finden. Um weitere Einstellungen vorzunehmen - man spricht von **Zeichenattributen** - müssen Sie den Weg über ein Dialogfeld wählen.

➢ **Ziel:**

Sie können Schriftattribute über ein Dialogfeld voreinstellen.

➢ **Lösung:**

Klicken Sie auf das Menü *Format* und wählen Sie darin den Eintrag *Zeichen...* Im folgenden Dialogfeld - Registerkarte *Schrift* - können Sie jetzt vielfältige Einstellungen vornehmen.

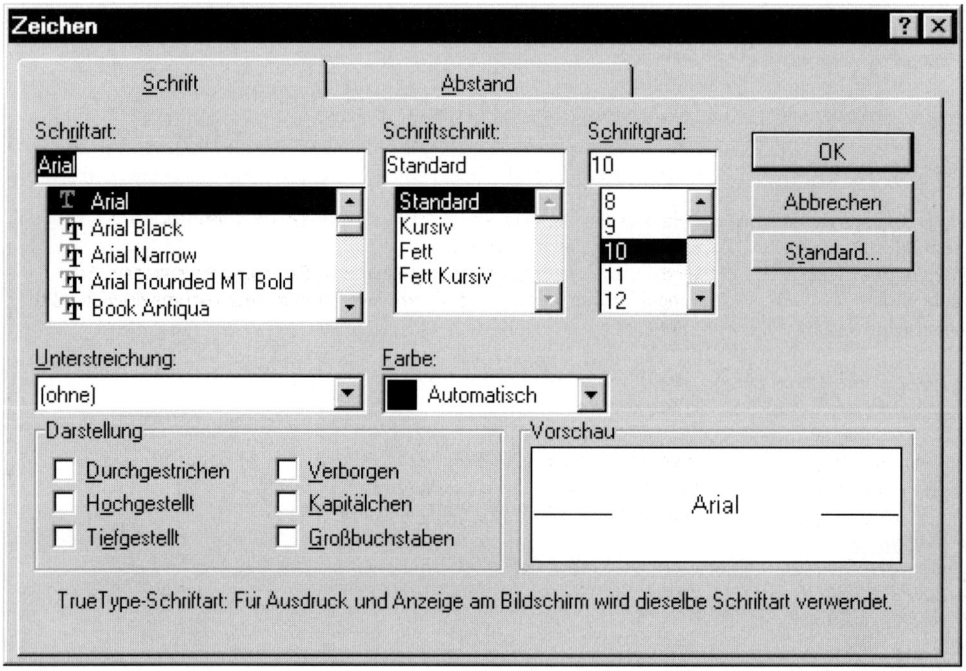

➢ **Hinweis:**

Denken Sie daran: Wenn Sie zu einer Option nähere Informationen haben möchten, klicken Sie mit der rechten Maustaste auf die entsprechende Option.

3.4 Erst mal alles schreiben

Erfassen Sie zunächst einmal den Text des Werbebriefes (Seite 21). Er dient als Mustertext. An ihm werden später alle wichtigen *Word*-Funktionen durchgespielt. Kümmern Sie sich aber nicht um irgendwelche gestalterischen Dinge, z.B. Fettdruck oder Grafiken. Diese kommen zu einem späteren Zeitpunkt an die Reihe. Das gilt auch für die Tabelle.

Der Mustertext im „Rohformat" ist in der folgenden Abbildung zu sehen. Weiterhin sehen Sie auch „Sonderzeichen", auf die gleich eingegangen wird.

```
PC-PROFI·-·Groner·Str.·22·-·34349·Göttingen¶
Herrn¶
Peter·Paulus¶
Wolkenweg·34¶
¶
34349·Göttingen¶
¶
¶
Göttingen,¶
¶
Ergonomisch·und·Brillant·-·Neue·Monitore·für·professionelle·Anwender¶
¶
Sehr·geehrter·Herr,¶
¶
als·langjähriger·Kunde·unseres·Hauses·möchten·wir·Sie·über·unser·neues·Produkt·informieren:¶
Leistungsstarke·Monitore·für·jeden·PC·der·Firma·YNOS.¶
Diese·Firma·hat·Ihre·Produktpalette·durch·zwei·neuentwickelte·Multiscan-Farbmonitore·erweitert.·Sie·
basieren·auf·einer·sehr·flachen,·hochauflösenden·38·und·43·cm·Bildröhre·mit·einer·Lochmaske·von·0,26·
mm.·Die·neuen·Monitore·bieten·Ihnen:¶
¶
CyberScreen-Technologie:·automatische·Optimierung·der·Monitorleistung.¶
Plug·&·Play:·einfaches·Anschließen·und·automatisches·Konfigurieren.¶
TCO·'92:·Strahlungsarmut·und·Power-Management.¶
On-Screen-Display:·Bildparameter·am·Bildschirm·mit·moderner·Fenstertechnik·einstellbar.¶
Audio:·alle·Monitore·mit·eingebauter·Audiofunktion·für·exzellenten·Multimediakomfort.¶
EG-Richtlinien-konform:·alle·Monitore·mit·TÜV-GS·und·CE-Zeichen.¶
¶
Überzeugen·Sie·sich·von·der·enormen·Qualität·der·neuen·Monitore·und·besuchen·Sie·uns·in·unsen·
Verkaufsräumen.·Sie·können·dann·in·aller·Ruhe·die·Monitore·testen.·Unser·geschultes·Personal·berät·Sie·
freundlich·und·kompetent.¶
¶
Rufen·Sie·uns·an·und·vereinbaren·Sie·einen·Vorführtermin.¶
0561·98·76·54·-·22¶
¶
Die·technischen·Daten·können·Sie·schon·mal·der·folgende·Tabelle·entnehmen:¶
¶
¶
¶
¶
Mit·freundlichen·Grüßen¶
Ihr·PC-PROFI·-·Team¶
```

An der Einfügemarke einfach loslegen

In der linken oberen Ecke der Seite blinkt die Einfügemarke. Wenn Sie jetzt Text eingeben, verschiebt Word diese zum rechten Bildschirmrand. Ist das Zeilenende erreicht, wird das Wort, das nicht mehr in die Zeile passt, automatisch in die nächste Zeile geschoben. Im Computerjargon wird dies als „Automatischer Zeilenumbruch“ bezeichnet. Sie können also einfach schreiben und brauchen sich um (fast) nichts anderes zu kümmern.

3.5 Bewusst einsetzen - Die Absatzschaltung

Solange Sie Text eingeben, wird dieser unabhängig von der Zeilenzahl als eine Einheit betrachtet. In einem Textverarbeitungsprogramm wird diese Einheit als **Absatz** bezeichnet und durch das Sonderzeichen **Absatzendemarke ¶** gekennzeichnet. Diese sehen Sie auch in der Abbildung.

Sie wird eingefügt bzw. angezeigt, wenn Sie die <Enter>-Taste drücken. Das brauchen Sie aber nur zu tun, wenn Sie einen neuen Absatz beginnen möchten. Ansonsten ist das Drücken der <Enter>-Taste nicht erforderlich.

3.6 Sonderzeichen im Text sichtbar machen

➢ **Ziel:**

Sie können Sonderzeichen im Text sichtbar oder nichtsichtbar schalten.

➢ **Lösung:**

Klicken Sie in der Symbolleiste auf das Symbol „¶ anzeigen/verbergen“.

➢ **Ergebnis:**

Im Text wird Ihnen an den Stellen die Absatzmarke angezeigt, an denen Sie die <Enter>-Taste gedrückt haben.
Zusätzlich werden zwischen den Wörtern kleine Punkte angezeigt. An diesen Stellen haben Sie immer die <Leertaste> gedrückt, um einen Wortzwischenraum zu erhalten.

Klicken Sie noch einmal auf das Symbol, wenn Sie die Sonderzeichen wieder ausschalten möchten.

➢ **Hinweis:**

Die Sonderzeichen dienen nur zu Ihrer Orientierung am Bildschirm und werden nicht gedruckt.

3.7 Neue Zeile im Absatz - Kennzeichnung einer Zeilenschaltung

Wenn Sie z.B. aus gestalterischen Gründen mitten im Absatz in einer neuen Zeile weiterschreiben möchten, halten Sie die <Umschalt>-Taste gedrückt und betätigen Sie kurz die <Enter>-Taste.

Dadurch führen Sie im Text eine **Zeilenschaltung** durch, die im Text durch das Symbol ↵ angezeigt wird. Die folgenden eingegebenen Textzeilen gehören dann alle so lange zu dem begonnenen Absatz, bis Sie ganz gezielt wieder die <Enter>-Taste drücken.

Notizen

3.8 Was Word während der Texteingabe so alles automatisch anstellt

Vom automatischen Zeilenumbruch am Ende einer Textzeile war ja schon die Rede. Aber *Word* macht noch mehr automatisch: Jedes Wort und jeder Satz wird geprüft und offensichtliche Fehler werden berichtigt.

Und diese Fehler kann *Word* z.B. automatisch korrigieren:

- Am Satzanfang wurde ein Kleinbuchstabe eingegeben. *Word* ersetzt ihn durch einen Großbuchstaben.
- Ein Wort beginnt mit zwei Großbuchstaben. *Word* schreibt den zweiten Buchstaben dann klein.
- Zeichendreher, z.B. *its* statt *ist* oder *deise* statt *diese*, werden sofort berichtigt.
- Ein unbeabsichtigtes Verwenden der Feststelltaste wird verhindert. Worte mit folgendem Aussehen gehören damit der Vergangenheit an: uRLAUBSREISE.
- In einem gängigen Wort haben Sie einen Buchstaben vergessen, z.B. in dem Wort *Versamlung* ein zweites *m.* Auch solche Fehler korrigiert *Word* sofort und ohne Umwege.

Und noch etwas fällt Ihnen beim Eingeben des ersten Textes auf: manche Wörter werden mit einer roten Wellenlinie unterstrichen. Das ist immer dann der Fall, wenn *Word* die Wörter nicht in seinem Wörterbuch findet und somit nicht automatisch korrigieren kann. Lassen Sie sich davon zunächst jedoch nicht stören. Wie Sie solche rot „unterschlängelten“ Worte korrigieren können, erfahren Sie im Kapitel 7.

3.9 Tippfehler gleich beim Schreiben korrigieren

Fehler macht jeder mal. Auch Ihnen bleiben beim Abtippen des Mustertextes Fehler wahrscheinlich nicht erspart. Bemerken Sie die Fehler gleich bei der Eingabe, können Sie diese direkt wieder „ausbügeln".

➢ **Ziel:**

Sie können Tippfehler gleich nach der Eingabe korrigieren

➢ **Lösung:**

Um Fehler links neben der Einfügemarke zu korrigieren, drücken Sie kurz die <Rück>-Taste zum Löschen des oder der fehlerhaften Zeichen.

Um Fehler rechts neben der Einfügemarke zu korrigieren, drücken Sie kurz die <Entf>-Taste. Dadurch werden das oder die Zeichen rechts von der Einfügemarke gelöscht.

Nachfolgender Text wird dabei einfach verschoben, so dass keine Lücken entstehen.

3.10 Bewegungsfreiheit - Textstellen gezielt ansteuern

Befindet sich die Einfügemarke nicht an der zu korrigierenden Stelle, klicken Sie einfach mit der Maus auf die fragliche Stelle im Text. Das müssen Sie immer dann tun, wenn Sie den Fehler nicht gleich, sondern erst beim späteren Lesen entdecken.

Aber auch mit der Tastatur können Sie gezielt bestimmte Textstellen ansteuern.

Taste/Tastenkombination	Wirkung auf die Einfügemarke
<Pfeil links>	zeichenweise nach links
<Pfeil rechts>	zeichenweise nach rechts
<Pfeil oben>	zeilenweise nach oben
<Pfeil unten>	zeilenweise nach unten
<Strg> + <Pfeil rechts>	wortweise nach rechts
<Strg> + <Pfeil links>	wortweise nach links
<Strg> + <Pfeil oben>	absatzweise nach oben
<Strg> + <Pfeil unten>	absatzweise nach unten
<Pos1>	Zeilenanfang
<Ende>	Zeilenende
<Strg> + <Pos1>	Textanfang
<Strg> + <Ende>	Textende

3.11 Durch den Text bewegen - Mit den Bildlaufleisten

Vielleicht haben Sie mittlerweile schon so viel Text eingegeben, dass Sie den unteren Rand des Arbeitsfensters erreicht haben. *Word* bewegt dann den Text im Fenster nach oben, so als würde das Papier aus der Schreibmaschine gezogen werden. Unter dem bisherigen Text haben Sie dann Freiraum und können normal weiterschreiben.

Vielleicht sind ja auch Ihre Textzeilen so lang, dass das rechte Ende der Zeilen nicht dargestellt wird. Auch hier verschiebt *Word* den Text im Fenster - in diesem Fall nach links.

Praktisch ist die Möglichkeit, den Text gezielt mit ein paar Mausklicks im Fenster zu verschieben. Dazu gibt es die Bildlaufleisten am unteren und rechten Bildschirmrand.

➢ Ziel:

Sie können Text mit Hilfe der Bildlaufleisten im Fenster verschieben

➢ Lösung:

Probieren Sie mit Hilfe der Abbildung die Möglichkeiten aus.

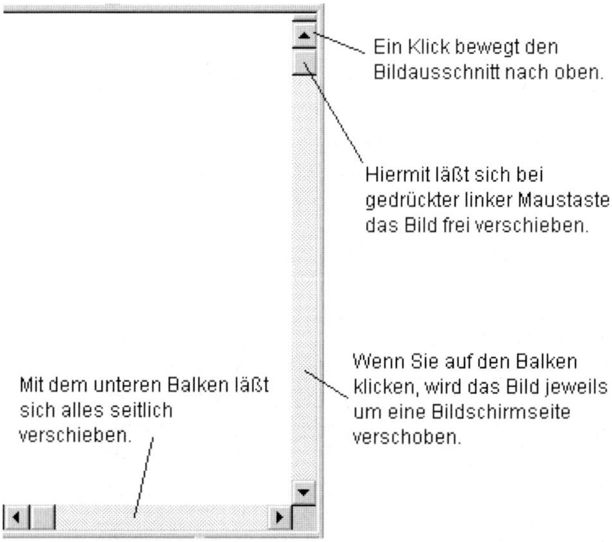

Notizen

3 Schreiben ist ganz einfach

➢ Ziel:

Sie möchten den horizontalen Bildlauf sparen und das rechte Ende der Textzeilen immer vollständig sehen.

➢ Lösung:

1. Klicken Sie auf den Abwärtspfeil rechts neben dem Feld *Zoom* in der oberen Symbolleiste.

2. Klicken Sie dann in der Liste auf den Eintrag *Seitenbreite*.

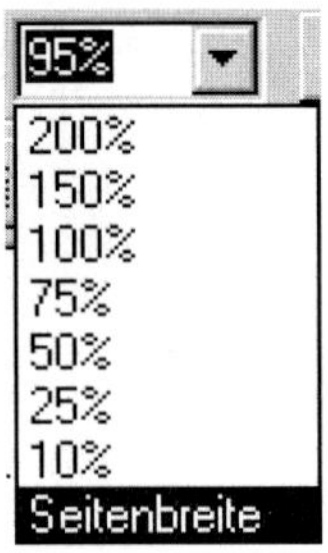

➢ Ergebnis:

Word verkleinert (oder vergrößert) die Textansicht im Fenster so, dass linker und rechter Seitenrand immer gleichzeitg zu sehen sind.

➢ Hinweis:

Weitere Möglichkeiten zum Einstellen des Zooms erfahren Sie im Kapitel 5: *Alles Ansichtssache*.

Notizen

3.12 Word nimmt Ihnen Arbeit ab - Mit der AutoKorrektur

Während Sie Ihren Text eingeben, „schaut" *Word* bereits auf Ihre Finger und korrigiert bestimmte Rechtschreibfehler automatisch. Tippen Sie z.B. das Wort *ist* aus Versehen als *its* ein, korrigiert *Word* diesen Buchstabendreher selbstständig.
Word bringt von Hause aus bereits eine sehr umfangreiche Liste mit typischen Schreibfehlern und dessen Umsetzung in eine korrekte Schreibweise mit. Diese Liste können Sie auch mit Ihren ganz persönlichen „Lieblingsfehlern" ergänzen.

Aber nicht nur das! Sie können die *AutoKorrektur* auch benutzen, um eine eingegebene Abkürzung, z.B. „PVC", automatisch durch „Polyvenylchlorid" zu ersetzen. Oder aus „mfg" wird im Brief plötzlich „Mit freundlichen Grüßen".
Sowie Sie nach der Abkürzung die <Leer>-Taste drücken, wird die Ersetzung durchgeführt.

Ein ähnliches Verfahren können Sie auch im Kapitel 3.23 kennenlernen: Die Verwendung von *AutoText.*

➢ **Ziel:**

Sie wissen welche *AutoKorrektur*-Wörter vordefiniert sind und können selber welche speichern.

➢ **Lösung:**

1. Wählen Sie den Menübefehl *Extras / AutoKorrektur.*
2. Prüfen Sie, ob im Kontrollkästchen *Während der Eingabe ersetzen* ein Häkchen gesetzt ist. Wenn dies nicht der Fall ist, klicken Sie in dieses Kästchen.
3. Klicken Sie in das Feld *Ersetzen* und geben Sie hier ein Wort in der falschen Schreibweise ein oder eine Abkürzung für einen Begriff.
4. Klicken Sie in das Feld *Durch* und geben Sie hier das Wort ein, durch welches der falsch geschriebene Begriff oder die Abkürzung ersetzt werden soll.
5. Klicken Sie auf die Schaltfläche *Hinzufügen.* Sie können dann weitere Begriffe eingeben.
6. Zum Schluss klicken Sie auf die Schaltfläche *OK.*
7. Zurück im Text geben Sie nun das Wort bewusst in der falschen Schreibweise ein und drücken die <Leer>-Taste. Zukünftig wird das Wort automatisch korrigiert!

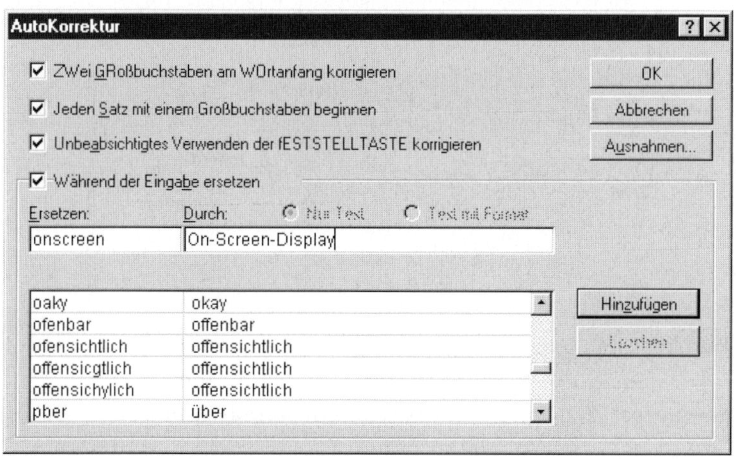

3.13 ...wenn Sie mal Texte über mehrere Seiten erstellen müssen!

Da schreiben Sie nun (und korrigieren zwischendurch) und schreiben... und schreiben... und kümmern sich erst einmal um nichts weiter. Was aber ist, wenn das untere Ende der Seite erreicht ist, diese also vollgeschrieben ist?

So wie Sie sich nicht um das Zeilenende kümmern brauchen, so wenig brauchen Sie sich um das Ende einer Seite kümmern. *Word* nimmt am Ende der Seite automatisch einen Seitenwechsel vor, so dass Sie auf der neuen Seite einfach weiterschreiben können.

In der Statuszeile wird die Seitennummer zusammen mit der Gesamtzeitenzahl zur Kontrolle angezeigt. So wissen Sie immer, wieviel Seiten das Dokument hat und auf welcher Seite sich die Einfügemarke gerade befindet.

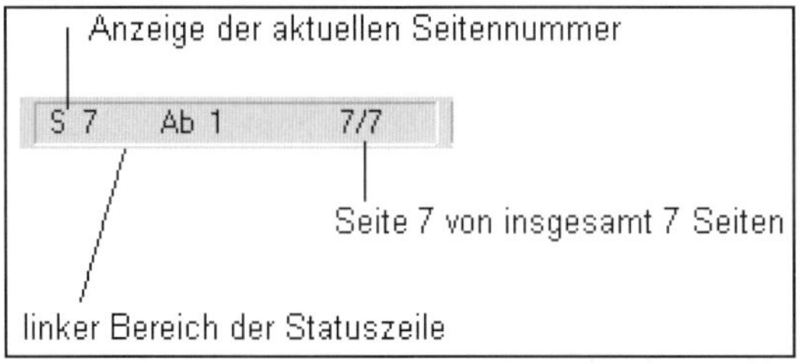

3.14 Den Seitenwechsel selber bestimmen

Sie müssen natürlich nicht den automatischen Seitenwechsel akzeptieren, sondern können diesen ganz gezielt selbst bestimmen.

Setzen Sie einfach die Einfügemarke in die Textzeile, an der eine neue Seite beginnen soll und wählen Sie im Menü *Einfügen* den Eintrag *Manueller Wechsel...* Meist ist im eingeblendeten Dialogfeld die Option *Seitenwechsel* schon voreingestellt, so dass Sie nur auf *OK* klicken brauchen.

➢ **Hinweis:**

Wenn Sie häufig den Seitenwechsel selbst vornehmen wollen, sollten Sie statt des Menüs die Tastenkombination <Strg> + <Enter> verwenden. Das geht viel schneller als über das Menü.

3.15 Texte nachträglich bearbeiten

Sind Ihnen größere Schreibfehler unterlaufen oder wollen Sie Text umstellen, ist es leicht, dieses zu korrigieren. Vergessen sind hierbei umständliche Korrekturen mit Korrekturflüssigkeit oder gar das erneute Eingeben von bereits geschriebenen Text, so wie bei der guten alten Schreibmaschine.

➢ **Ziel:**

Sie können neuen Text zwischen vorhandenen Text eingeben oder auch mal vorhandenen Text durch neuen überschreiben.

➢ **Lösung:**

Klicken Sie in dem Mustertext hinter das Wort *hochauflösenden* (in Zeile 18) und drücken Sie einmal kurz die <Leer>-Taste.
Geben Sie dann folgenden Text ein: *und sorgfältig entspiegelten.*

➢ **Ergebnis:**

Word verschiebt die vorhandenen Zeichen nach rechts, so dass der neue Text prima dazwischen passt. Im Computerjargon wird so etwas als *Einfügemodus* bezeichnet.

➢ **Hinweis:**

Möchten Sie mal Text über den vorhandenen Text schreiben, also ohne dass der vorhandene Text verschoben wird, müssen Sie den *Überschreibmodus* einschalten.
Dazu drücken Sie nur einmal kurz die <Einfg>-Taste. In der Statuszeile wird dann der Eintrag *ÜB* angezeigt.

Sie sollten jedoch nur dann im Überschreibmodus arbeiten, wenn möglichst gleich lange Begriffe oder - noch besser - Zahlen bearbeitet werden.

Um den *Überschreibmodus* wieder auszuschalten, drücken Sie noch einmal die <Einfg>-Taste. Die Anzeige *ÜB* erlischt dann in der Statuszeile.

Notizen

3.16 Erst markieren, dann bearbeiten

Mit Texten können Sie eine ganze Menge anstellen, z.B. Verschieben, Kopieren, Löschen - egal, ob für große oder kleine Textabschnitte.

Bevor Sie solche Aktionen durchführen, müssen Sie *Word* allerdings mitteilen, auf welche Textabschnitte sich die Bearbeitung beziehen soll. So etwas wird *Markieren* genannt und ist eine optische Hervorhebung des Textes durch einen dunklen Hintergrund (inverse Darstellung).

➢ **Ziel:**

Sie können Wörter und Sätze markieren und den so markierten Text bearbeiten.

➢ **Lösung:**

Führen Sie auf dem Wort *langjähriger* (in Zeile 15) einen Doppelklick aus (zwei mal schnell hintereinander die linke Maustaste drücken).
Wenn das Wort dunkel markiert ist, geben Sie das Wort *guter* ein.

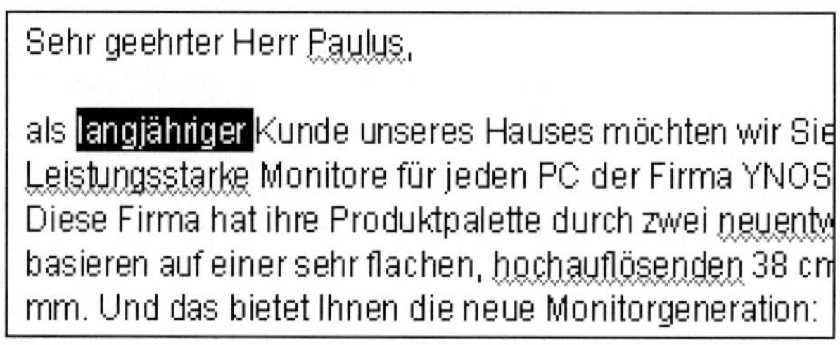
Sehr geehrter Herr Paulus,

als langjähriger Kunde unseres Hauses möchten wir Si
Leistungsstarke Monitore für jeden PC der Firma YNOS
Diese Firma hat ihre Produktpalette durch zwei neuent
basieren auf einer sehr flachen, hochauflösenden 38 cr
mm. Und das bietet Ihnen die neue Monitorgeneration:

➢ **Ergebnis:**

Word hat das markierte Wort durch das von Ihnen eingegebene neue Wort ersetzt.

➢ **Hinweis:**

Wenn Sie das markierte Wort nicht durch ein neues Wort ersetzen möchten, sondern es in Ihrem Text nicht mehr benötigen, brauchen Sie nur die <Entf>-Taste zu drücken, um es zu löschen.

Notizen

➢ Lösung zum Markieren ganzer Sätze:

Klicken Sie mit der Einfügemarke unmittelbar links neben den ersten Buchstaben des ersten Wortes, z.B. der Buchstabe *D,* am Satzanfang von *Die neuen Monitore...*

Ziehen Sie mit gedrückter linker Maustaste eine Markierung bis zum Satzende auf. Hier erst lassen Sie die Maustaste los.

Geben Sie den neuen Text ein: *Und das bietet Ihnen die neue Monitorgeneration:*

➢ Hinweise:

Um einen kompletten Satz ganz schnell zu markieren, gehen Sie so vor:

1. Halten Sie die <Strg>-Taste gedrückt und klicken Sie in eine beliebige Stelle des Satzes. Word markiert den kompletten Satz automatisch.

2. Wenn kein kompletter Satz markiert werden soll, markieren Sie eben nur so viele Zeichen, wie Sie bearbeiten möchten.

3. Das Markieren kann natürlich auch einmal schiefgehen, d.h. die Markierung berücksichtigt nicht den gewünschten Textabschnitt. Das ist jedoch weiter nicht schlimm, denn ein einfacher Mausklick in einen nicht markierten Bereich Ihres Textes hebt jede Markierung auf und Sie können es erneut versuchen.

Notizen

3.17 Die Viererbande - Ausschneiden, Einfügen, Kopieren, Rückgängig

Während des Schreibens stellen Sie fest, dass ein Satz oder ein Textabschnitt doch viel besser in einen anderen Abschnitt passt. Dazu können Sie den Text einfach „ausschneiden“ und an anderer Stelle wieder „einkleben“.

Ein sich oft wiederholender Text wird einmal geschrieben und kann dann an anderer Stelle einfach wieder „hineinkopiert“ werden. Das alles spart Zeit, weil der Text nicht neu geschrieben werden muss.

Und wenn mal was schiefgeht, können Sie mit einem Befehl das ganze Unglück wieder rückgängig machen.

Mit den Word-Funktionen zum *Ausschneiden, Einfügen, Kopieren* und *Rückgängig* ist das Erledigen solcher Aufgaben kein Problem, zumal die meisten Funktionen mit einem Mausklick auf das entsprechende Symbol in der Symbolleiste ausgeführt werden können.

➢ **Ziel:**

Sie können Text von einer Stelle zur anderen kopieren.

➢ **Lösung:**

1. Führen Sie auf dem Namen *Paulus* in der Anschrift einen Doppelklick aus, damit das Wort markiert wird.
2.  Klicken Sie in der Symbolleiste auf das Symbol *Kopieren*.
3. Klicken Sie in der Anredezeile *Sehr geehrter Herr* hinter das Wort *Herr*.
4.  Klicken Sie in der Symbolleiste auf das Symbol *Einfügen*.

➢ **Ergebnis:**

Word hat das eben kopierte Wort an der neuen Textposition eingefügt.

➢ **Hinweis:**

Natürlich können Sie auf diese Art auch komplette Sätze oder Textabschnitte bzw. nur Teilbereiche kopieren.

➢ **Ziel:**

Sie können Text an einer nicht mehr benötigten Stelle ausschneiden und an einer neuen Stelle einfügen.

➢ **Lösung:**

1. Markieren Sie den Satz *Audio: alle Monitore mit eingebauter Audiofunktion für exzellenten Multimediakomfort*, einschließlich der Absatzmarke.
2. 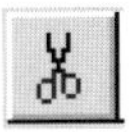 Klicken Sie auf die Schaltfläche *Ausschneiden*.
3. Setzen Sie die Einfügemarke mit einem Mausklick unmittelbar an das Ende der Zeile *EG-Richtlinien-konform...* und drücken Sie einmal kurz die <Enter>-Taste.
4.  Klicken Sie in der Symbolleiste auf das Symbol *Einfügen*.

➢ **Ergebnis:**

Word hat den markierten Satz an der alten Stelle ausgeschnitten und Sie haben Ihn an der neuen Stelle eingefügt. Dazu haben Sie vorher mit der <Enter>-Taste einen neuen Absatz eingefügt.

Was passiert eigentlich beim Ausschneiden und Einfügen?

Wenn Sie den Befehl *Ausschneiden* verwenden, transportiert Windows den markierten Text in die **Zwischenablage**. Das ist ein Datenspeicher, der allen Windows-Programmen zur Verfügung steht.
Damit können auch Daten zwischen verschiedenen Programmen ausgetauscht bzw. eingefügt werden.

In der Zwischenablage kann sich jedoch immer nur **eine** Information befinden. Betätigen Sie z.B. nach einer anderen Markierung noch einmal das *Ausschneiden*-Symbol, wird der Inhalt der Zwischenablage durch den neuen Inhalt überschrieben. Außerdem werden alle Daten aus der Zwischenablage gelöscht, wenn Sie Windows beenden.

Notizen

3.18 Hoppla! So sollte es aber nicht werden - Der Rückgängig-Befehl

Im Menü *Bearbeiten* und in der Symbolleiste finden Sie den Befehl *Rückgängig.* Damit können Sie nicht nur die letzte Eingabe rückgängig machen, sondern generell die letzte von Ihnen ausgeführte Aktion. Eine versehentlich ausgelöste Aktion - wie das Ausschneiden oder das Löschen des falschen Textes - ist damit nur noch halb so schlimm.

➢ **Ziel:**

Sie können eine Aktion rückgängig machen und auch wiederherstellen.

➢ **Lösung:**

Markieren Sie den Satz *Ergonomisch und brillant...*

 Klicken Sie in der Symbolleiste auf *Ausschneiden.*

 Klicken Sie in der Symbolleiste auf *Rückgängig.*

 Klicken Sie in der Symbolleiste auf *Wiederherstellen.*

 Klicken Sie in der Symbolleiste auf *Rückgängig.*

➢ **Ergebnis:**

Sie haben einen Text ausgeschnitten und diese Aktion wieder rückgängig gemacht. Mit dem Befehl *Wiederherstellen* haben Sie den Rückgängig-Befehl wieder aufgehoben.
Mit diesem Verfahren können Sie zwischen verschiedenen Zuständen hin- und herschalten.

➢ **Hinweis:**

Wenn Sie auf den kleinen Abwärtspfeil rechts neben dem *Rückgängig*-Symbol klicken, öffnet sich eine Liste, in der stichwortartig die letzten Aktionen aufgeführt sind. Ein Klick auf eine namentlich aufgeführte Aktion macht diese wieder rückgängig. *Word* kann in der Liste die letzten 100 (!) Aktionen zum Rückgängigmachen speichern.

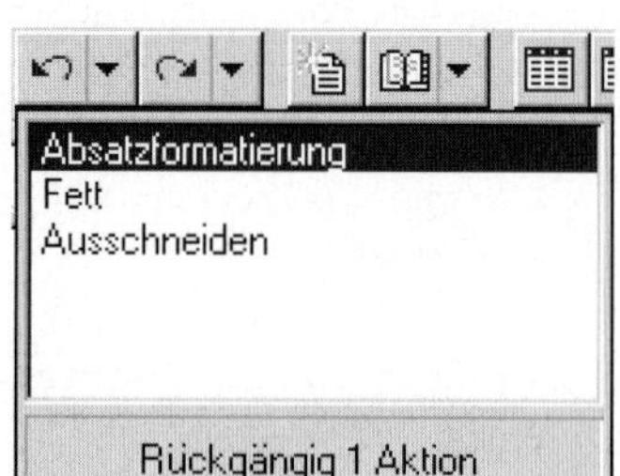

Das Verfahren zum *Wiederherstellen* funktioniert vollkommen analog zum Rückgängigmachen.

3.19 Drag & Drop - Das Dreamteam

Textbearbeitung durch Drag & Drop bedeutet nichts anderes, als einen Text zu markieren und diesen mit der Maus an eine andere Stelle zu ziehen, entweder zum Verschieben oder zum Kopieren. Schneller und bequemer geht's nicht mehr.

➢ **Ziel:**

Sie können Text per Drag & Drop verschieben.

➢ **Lösung:**

1. Führen Sie im letzten Absatz des Mustertextes einen Doppelklick auf dem Wort *freundlich* aus.
2. Bewegen Sie die Einfügemarke in die Markierung. Die Einfügemarke ändert sich dann in einen Pfeil.
3. Halten Sie die linke Maustaste gedrückt und ziehen Sie den Mauspfeil hinter das Wort *und*. Während Sie das tun, wird am Pfeil eine gestrichelte Einfügelinie angezeigt.
4. Lassen Sie an der Einfügestelle die Maustaste los.
5. Führen Sie auf dem Wort *kompetent* einen Doppelklick aus.
6. Führen Sie den Mauszeiger wieder in die Markierung, halten Sie die Maustaste gedrückt und ziehen Sie den Text hinter das Wort *Sie*.

➢ **Ergebnis:**

Word hat die Texte verschoben und an der neuen Stelle abgelegt bzw. eingefügt.

Sie kompetent und freundlich

Text per Drag & Drop kopieren

Text mit der Maus nach dem Drag & Drop-Verfahren zu kopieren, funktioniert genauso wie das Verschieben eines Textes. Der einzige Unterschied besteht darin, dass Sie während des Vorgangs die <Strg>-Taste gedrückt lassen müssen.

Während Sie dann den Mauszeiger bewegen, wird ein Pluszeichen (+) angezeigt, welches auf einen Kopiervorgang hinweist.

Notizen

3.20 Der Textdetektiv - Suchen und Ersetzen leichtgemacht

Irgendwann muss fast jeder einmal einen Text erfassen, der länger als ein oder zwei A4-Seiten ist. Wenn Sie dann beim Bearbeiten von Text immer nach bestimmten Begriffen oder Textpassagen suchen müssen, wäre dies eine zeitraubende Angelegenheit. Deshalb besitzt *Word* eine Suchfunktion, die zuverlässig die Wörter aufsucht.

➢ **Ziel:**

Sie können nach bestimmten Wörtern in Ihrem Text suchen.

➢ **Lösung:**

1. Klicken Sie auf das Menü *Bearbeiten* und darin auf den Eintrag *Suchen...*
2. Im Dialogfeld geben Sie bei *Suchen nach:* das Wort *Monitore* ein.
   Beachten Sie dabei besonders die Optionen
   - *Groß-/Kleinschreibung beachten*
   - *Nur ganzes Wort suchen*
   Diese können Sie per Mausklick in dem Kästchen vor dem Text ein- bzw. ausschalten.

3. Klicken Sie auf die Schaltfläche *Weitersuchen*. Existiert das Wort, wird es von *Word* markiert. Existiert das Suchwort mehrmals, können Sie mit der Schaltfläche *Weitersuchen* das nächste vorkommende Wort suchen lassen.
   Den Abschluß teilt Ihnen *Word* in einem Dialogfeld mit.

Notizen

➢ **Hinweise:**

1. Wenn Sie die Schreibweise eines Suchwortes nicht genau kennen, ersetzen Sie einfach im Suchwort die Ihnen unbekannten Zeichen durch ein Fragezeichen (?). Zusätzlich klicken Sie noch in das Optionskästchen *Mit Mustervergleich.*

Beispiele:
Suchwort *???ember* => Word findet *November* oder *Dezember*
Suchwort *Anders?n* => Word findet *Anderson* oder *Andersen*

Wollen Sie nach bestimmten Worten suchen, die z.B. alle mit *k* beginnen und mit *t* enden, geben Sie statt des Fragezeichens ein Sternchen (*) ein. Auch hier muss die Option *Mit Mustervergleich* eingeschaltet sein.

Beispiel:
Suchwort *k*t* => Word findet z.B. *kalt, kühlt, krümelt* u.ä.

2. Wenn Sie einen längeren oder komplexen Begriff Ihres Textes suchen wollen, können Sie den Begriff markieren und mit der Tastenkombination <Strg> + <C> in die Zwischenablage kopieren. Im Suchfenster fügen Sie ihn dann ganz leicht mit <Strg> + <V> ein und haben sich damit das Abtippen (und eventuelle Schreibfehler) erspart.

Notizen

3.21 „Gehe zu“ einer bestimmten Stelle im Text

Wenn Sie genau wissen, wo das steht, was Sie suchen, können Sie die Einfügemarke direkt dorthin bewegen. Zum Beispiel können Sie zu einer bestimmten Seitenzahl, einer Zeile oder einer Tabelle gehen.

Wählen Sie dazu das Menü *Bearbeiten / Gehe zu...* oder drücken Sie einfach die <F5>-Taste, um das zugehörige Dialogfeld zu öffnen.

In der linken Liste wählen Sie per Mausklick das zu suchende Element aus. Praktischerweise ist das Element *Seite* von *Word* schon voreingestellt. Sie brauchen so nur noch im mittleren Eingabefeld *Seitenzahl eingeben:* die Seitennummer eingeben, auf die Sie mit der Einfügemarke „springen“ möchten.
Wollen Sie von der aktuellen Seite z.B. 3 Seiten weiter „springen“, geben Sie *+3* ein.

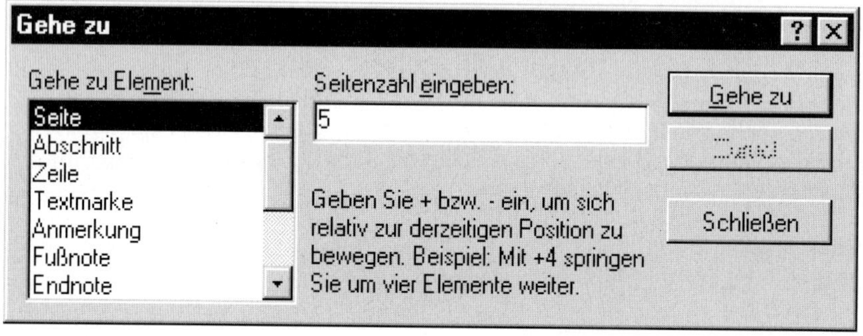

3.22 Der Word-Ersatzdienst - So suchen und ersetzen Sie Texte

Vielleicht gefällt Ihnen nachträglich nicht mehr das Wort *Blei* in Ihrem Chemieaufsatz und Sie wollen es fachmännisch durch das chemische Zeichen *Pb* ersetzen. Für solche Überarbeitungen von Text steht Ihnen die Funktion *Ersetzen* zur Verfügung.

➢ **Ziel:**

Sie können nach einem Wort suchen und es durch ein anderes ersetzen lassen.

➢ **Lösung:**

1. Klicken Sie auf das Menü *Bearbeiten* und darin auf den Eintrag *Ersetzen...*
2. Im Dialogfeld geben Sie bei *Suchen nach:* das Wort *Bildschirm* ein.
3. Klicken Sie in das Eingabefeld *Ersetzen durch* und geben Sie das Ersatzwort *Monitor* ein.
4. Klicken Sie auf die Schaltfläche Alles ersetzen, wenn das Wort mehrmals vorkommt und auch jedesmal ersetzt werden soll. Wenn nicht, klicken Sie nur auf die Schaltfläche Ersetzen.

3.23 Lassen Sie Word doch mal etwas schreiben - Mit AutoText

Bisher haben Sie ja immer alles selber geschrieben. Wahrscheinlich auch mehrfach den gleichen Text oder ganze Textabschnitte. Zukünftig schreiben Sie einen Text nur einmal, definieren ihn als *AutoText* und fügen ihn an jeder beliebigen Stelle - egal in welchem Dokument - so oft per Tastendruck ein, wie Sie wollen.

Typische Beispiele für Texte, die in Briefen immer wieder vorkommen, sind:

- Mit freundlichen Grüßen,
- Sehr geehrte Damen und Herren,
- Vielen Dank für Ihr Interesse an unseren Produkten. Gerne schicken wir Ihnen das gewünschte Informationsmaterial zu,
- Büromöbel Schreiber (als Firmenname).

➢ **Ziel:**

Sie können verschiedene Texte als *AutoText* speichern.

➢ **Lösung:**

1. Wenn Sie den Mustertext bereits geschrieben haben, markieren Sie die beiden letzten Textzeilen:
   Mit freundlichen Grüßen
   Ihr PC-PROFI - Team

   Sonst schreiben Sie die beiden Zeilen und markieren Sie sie dann.

2. Klicken Sie auf das Menü *Bearbeiten / AutoText...*

3. Im angezeigten Dialogfeld geben Sie im Feld *Name* die Abkürzung *mfg* für „mit freundlichen Grüßen" ein (oder natürlich ein anderes sinniges Wort).

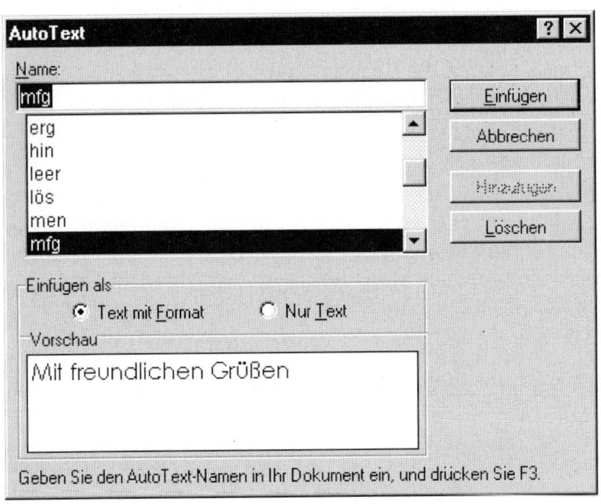

4. Klicken Sie auf die Schaltfläche *Hinzufügen.*
5. Markieren Sie die Absenderzeile *PC-PROFI - Groner Str. 22 - 34349 Göttingen.*
6. Klicken Sie auf das Menü *Bearbeiten / AutoText...*
7. Geben Sie im Feld *Name* den Text *Absender* ein.
8. Klicken Sie auf die Schaltfläche *Hinzufügen.*

➢ **Ergebnis:**

Sie haben Ihre ersten *AutoText*-Einträge definiert und können diese in jedem beliebigen Dokument verwenden.

➢ **Ziel:**

Sie können in ein Dokument *AutoText*-Einträge einfügen.

➢ **Lösung:**

Zum Ausprobieren öffnen Sie zunächst ein neues Dokument. Dazu klicken Sie einfach in der oberen Symbolleiste auf das erste Symbol von links (Seite mit Eselsohr). *Word* öffnet ein neues und leeres Dokument.

Geben Sie dann den Namen des *AutoTextes* ein, z.B. *Absender* und drücken Sie die <F3>-Taste.

➢ **Ergebnis:**

An der Position der Einfügemarke wurde die Absenderzeile eingefügt.

➢ **Hinweis:**

Wenn Sie bereits viele *AutoText*-Einträge und somit viele Abkürzungen dafür definiert haben, kann es schon einmal vorkommen, dass man sich nicht mehr an alle erinnert. Das braucht bei Ihnen aber nicht gleich angestrengtes Nachdenken zu verursachen, denn *Word* zeigt Ihnen in einem Dialogfeld alle Einträge alphabetisch aufgelistet.
Wählen Sie einfach das Menü *Bearbeiten / AutoText...* Ein Mausklick auf einen Namen zeigt Ihnen in der Vorschau, ob es sich um den gesuchten *AutoText* handelt.

Wenn Sie einen *AutoText* nicht mehr benötigen, klicken Sie zuerst den Namen in der Liste an und dann die Schaltfläche *Löschen.*

➢ **Ziel:**

Sie können *AutoText*-Einträge nachträglich ändern.

➢ **Lösung:**

1. Geben Sie den *AutoText*-Namen *Absender* ein und drücken Sie die <F3>-Taste.

2. 

Markieren Sie die Absenderzeile und klicken Sie in der unteren Symbolleiste auf *Unterstrichen.*

3. Lassen Sie die Markierung bestehen und wählen Sie das Menü *Bearbeiten / AutoText...*

4. Vergeben Sie den Namen *Absender* noch einmal und klicken Sie auf *Hinzufügen.*

5. Im Dialogfeld *Möchten Sie den AutoText-Eintrag neu definieren?* klicken Sie auf *Ja.*

➢ **Ergebnis:**

Sie haben einen vorhandenen *AutoText*-Eintrag geändert. Dieser wird zukünftig unterstrichen in den Text eingefügt.

➢ **Hinweis:**

Schließen Sie jetzt das Dokument, in dem Sie die *AutoTexte* ausprobiert haben. Dazu wählen Sie das Menü *Datei / Schließen.* Die Frage nach dem Speichern des Dokuments beantworten Sie durch einen Klick auf die Schaltfläche *Nein.*

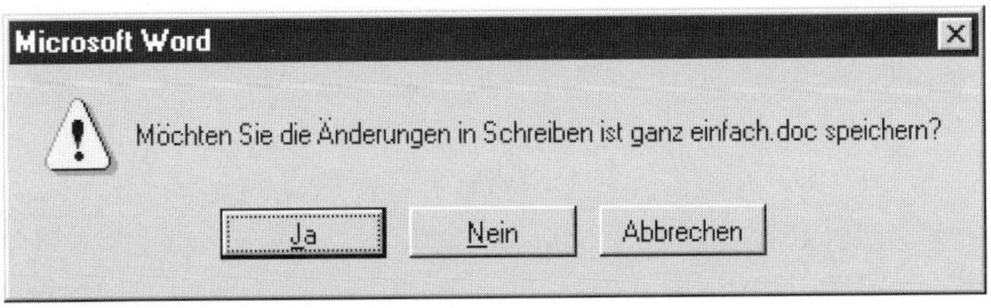

Notizen

3.24 Jetzt wird es Zeit - Das erste Speichern Ihres Textes

Nach dem Sie schon einiges an Text geschrieben und verschiedene Funktionen und Arbeitstechniken ausprobiert haben, möchten Sie vielleicht eine Pause einlegen oder sogar Feierabend machen. Um an dem Text zu einem späteren Zeitpunkt weiterarbeiten zu können, muss er auf der Festplatte Ihres Rechners gespeichert werden.
Und das ist unbedingt notwendig, denn momentan hält nur der Hauptspeicher Ihres Rechners den Text auf dem Bildschirm. Bei Stromausfall oder sonstigen Betriebsstörungen am PC wäre Ihr Text unwiederruflich verloren.

➢ **Ziel:**

Sie können ein Dokument auf der Festplatte Ihres Rechners speichern.

➢ **Lösung:**

1.  Klicken Sie in der Symbolleiste auf das Diskettensymbol oder wählen Sie den Menübefehl *Datei / Speichern.*

2. Prüfen Sie, ob Im Dialogfeld neben *Speichern in:* der Eintrag *Eigene Dateien* steht. Wenn das nicht der Fall ist, klicken Sie auf den Abwärtspfeil und wählen Sie den Ordner oder einen anderen auf Ihrer Festplatte aus, in dem das Dokument gespeichert werden soll.

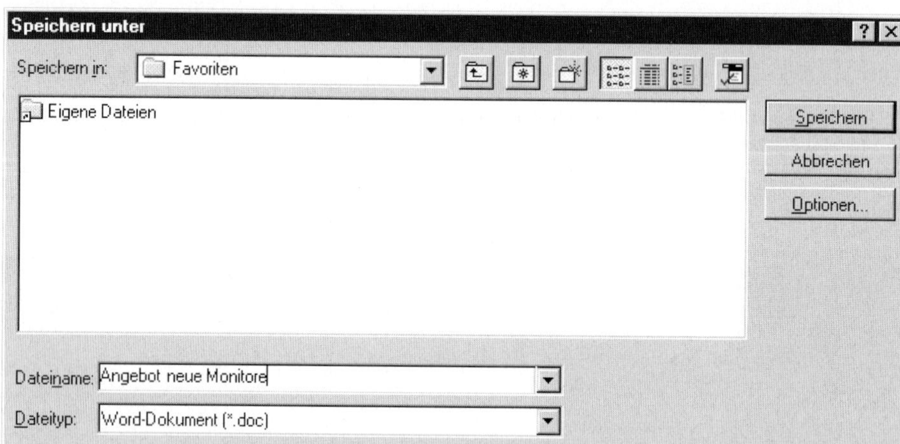

3. Klicken Sie in das Feld *Dateiname* und geben Sie folgenden Namen ein: *Angebot neue Monitore.*

4. Klicken Sie auf die Schaltfläche Speichern, um genau das zu tun.

➢ **Ergebnis:**

1. *Word* hat Ihren Text auf der Festplatte in dem von Ihnen angegebenen Ordner gespeichert. Unter dem Namen *Angebot neue Monitore* können Sie später die Datei wieder öffnen.

➢ **Hinweis:**

Seit Windows 95 ist die lästige Beschränkung auf einen nur 8 Zeichen langen Dateinamen aufgehoben. Sie können jetzt Dateinamen mit max. 255 (!) Zeichen vergeben, die sogar Leerzeichen enthalten dürfen und bei denen auch eine Groß- und Kleinschreibung unterschieden wird.

Folgende Zeichen dürfen jedoch nicht in einem Dateinamen enthalten sein:

<table><tr><td>/</td><td>\</td><td>*</td><td>:</td><td><</td><td>></td><td>|</td><td>?</td></tr></table>

Wenn Sie jetzt nach der Vergabe eines Dateinamens noch einmal auf die Schaltfläche *Speichern* klicken, wird die Datei mit allen Änderungen direkt auf der Festplatte gespeichert. Das Dialogfeld *Speichern unter* wird dann nicht mehr angezeigt, weil der Name ja bereits besteht.

Notizen

3.25 Word macht Feierabend - So beenden Sie das Programm

➢ **Ziel:**

Sie lernen drei Möglichkeiten kennen, *Word* zu beenden.

➢ **Lösung:**

1. Wählen Sie den Menüeintrag *Datei / Beenden,*
   - oder -

2.  Klicken Sie einmal auf das Symbol mit dem Kreuz in der rechten oberen Ecke des *Word*-Arbeitsfensters,
   - oder -

3.  Klicken Sie doppelt auf das Programmsymbol in der linken oberen Ecke des *Word*-Arbeitsfensters.

➢ **Ergebnis:**

Egal für welchen Weg Sie sich entscheiden, die Programmausführung von *Word* wird unmittelbar beendet.

➢ **Hinweis:**

Da alle Windows-Programme ständig Ihre Eingaben und sonstigen Aktivitäten überwachen, brauchen Sie sich um die Sicherheit Ihrer Daten keine Sorgen machen. Denn sollten Sie an dieser Stelle Ihre Daten noch nicht gespeichert haben, bekommen Sie automatisch das Dialogfeld zum Speichern angezeigt.

Hierin können Sie wählen, ob Sie speichern möchten oder nicht, oder ob Sie sich die ganze Sache noch einmal überlegen wollen (Schaltfläche *Abbrechen*).

Notizen

4 Perfektes Outfit leicht gemacht - Texte gestalten

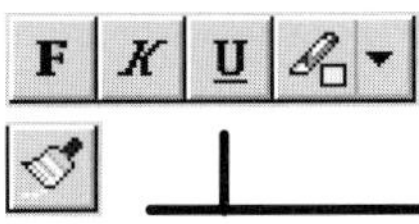

Fett, Kursiv & Co. - So verwenden Sie Zeichenattribute für Ihre Texte.
Seite 47

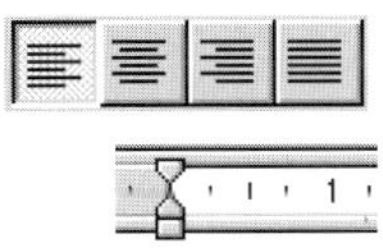

Wie Sie Absätze ausrichten, z.B. rechtsbündig, und mit dem Lineal arbeiten, finden Sie ab
Seite 51

Sie haben keinen Kalender zur Hand und möchten das aktuelle Datum in den Brief schreiben?
Seite 52

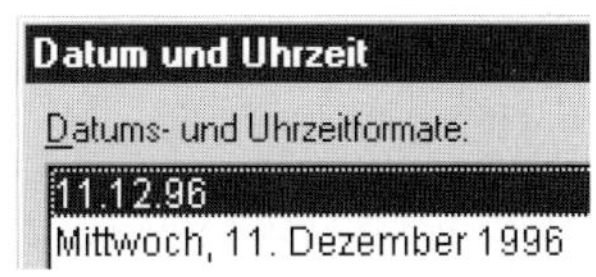

Rufen Sie uns an und vereinbaren Sie einen Vorführtermin.
0561 98 76 51 - 22

So gestalten Sie mit Rahmen Ihre Texte interessanter.
Seite 56

- Top 1
- Top 2
- Top 3

Aufzählungszeichen, Numerierungen und Symbole. Wie Sie in den Text kommen, erfahren Sie ab
Seite 51

Technische Daten		
Modell	**Multiscan 15 Y**	**Multiscan 17 Y**
Bilddiagonale (cm)	38 (15 Zoll)	43 (17 Zoll)
Schlitzmaske (mm)	0,26	0,26
max. Auflösung	1024 x 768	1280 x 1024
max. Bildwiederholfrequenz	80 Hz	76 Hz
Abmessungen (B x H x T)	37 x 39 x 39	42 x 42 x 44

Gliedern Sie Texte und Zahlen übersichtlich in Tabellen. Wie es geht, erfahren Sie ab
Seite 64

Formatieren Sie die Tabelle - ganz automatisch.
Seite 69

In der *Word*-Tabelle können Sie sogar rechnen.
Seite 73

4 Perfektes Outfit leicht gemacht - Texte gestalten

Stellen Sie sich Bücher oder Hefte ohne große Überschriften vor, ohne Fett- und Kursivgedrucktes, ohne Leerzeilen zwischen den Absätzen, ohne Grafiken und Abbildungen. Ein solches Buch wäre sehr leseunfreundlich und würde sicherlich nicht Ihr Interesse wecken.

Ansprechend gestaltete Texte, die Aufmerksamkeit erregen, können Sie mit *Word* jedoch sehr leicht erstellen.
Hierzu gibt es eine „Kiste" mit Gestaltungswerkzeugen - den Formatierungsfunktionen. Setzen Sie diese sinnvoll und zielgerichtet ein, sieht Ihr Text gleich ganz anders aus. Ob mit verschiedenen Schriftarten und Schriftgrößen, Rahmen oder Farben - Ihrer Kreativität sind (fast) keine Grenzen gesetzt. Bringen Sie also Ihre Texte in ein ansprechendes Format.

4.1 Zeichenformate und Absatzformate

Beim Formatieren von Texten müssen Sie zwischen Zeichen- und Absatzformaten unterscheiden.

Mit **Zeichenformaten** heben Sie Überschriften und wichtige Textabschnitte hervor, indem Sie eine besondere Schriftart und -größe auswählen. Bestimmen Sie Zeichenattribute, z.B. **fett** , *kursiv* oder unterstrichen.

Mit **Absatzformaten** strukturieren Sie ganze Absätze. Sie können diese vom linken oder rechten Blattrand einrücken, Überschriften zentrieren oder Rahmen und Aufzählungszeichen hinzufügen.

Alle Gestaltungsmöglichkeiten können Sie über das Menü *Format* erreichen. Oft verwendete Formatfunktionen finden Sie auch in Form eines Symbols in der Format-Symbolleiste.

➢ **Hinweis:**

Bevor es mit dem Formatieren richtig losgeht, müssen Sie ersteinmal den Übungstext öffnen, falls Sie den zwischenzeitlich geschlossen haben.

Zum Öffnen einer Datei gibt es verschiedene Möglichkeiten:

1. Klicken Sie auf das Menü *Datei* und am Ende des aufgeklappten Menüs auf den Dateinamen, den Sie beim letzten Speichern vergeben haben. *Word* listet hier übrigens die letzten vier verwendeten Dateien namentlich auf.

2.  Klicken Sie in der Symbolleiste auf das Symbol *Öffnen*, wählen Sie im Dialogfeld bei Bedarf den Ordner im Feld *Suchen in:* aus und klicken Sie auf den gesuchten Dateinamen. Zum *Öffnen* klicken Sie auf die gleichnamige Schaltfläche.

4.2 Fett, Kursiv & Co. - Zeichenattribute verwenden

➢ **Ziel:**

Sie können im Mustertext verschiedene Zeichenattribute zuweisen.

➢ **Lösung:**

1. Bewegen Sie die Einfügemarke an den linken Bildschirmrand in Höhe der Absenderzeile. Wenn sich die Einfügemarke in einen Pfeil geändert hat, klicken Sie kurz die linke Maustaste, damit die Zeile markiert ist.

2. In der Format-Symbolleiste klicken Sie auf den Abwärtspfeil neben dem Feld zum Einstellen des Schriftgrads und stellen die Größe *8* ein.

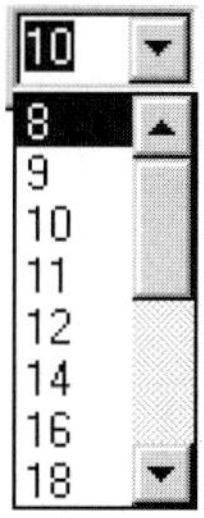

3. 

Klicken Sie auf das Symbol *Unterstrichen.*

➢ **Lösung:**

Sie haben der Absenderzeile eine andere Schriftgröße und das Format *Unterstrichen* zugewiesen.

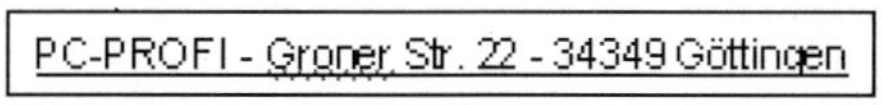

➢ **Hinweis:**

Wenn Sie einem Satz oder einer Zeile eine Formatierung zuweisen wollen, müssen Sie - wie eben geübt - immer die betreffenden Zeichen markieren.

Wörter erkennt *Word* jedoch automatisch: Soll das Zeichenformat einem ganzen Wort zugewiesen werden, brauchen Sie nur die Einfügemarke im Wort zu plazieren und auf das gewünschte Formatsymbol - z.B. *Unterstrichen* - klicken.

4 Perfektes Outfit leicht gemacht

➢ **Ziel:**

Sie können eine bereits durchgeführte Formatierung auf andere Textpassagen übertragen.

➢ **Lösung:**

1. Markieren Sie die Zeile „Leistungsstarke Monitore für jeden PC der Firma YNOS".

2.  Klicken Sie in der Symbolleiste auf *Fett.*

3.  Um diese Fett-Formatierung auch auf andere Textpassagen, z.B. „CyberScreen-Technologie, Plug & Play, TCO '92", usw. zu übertragen, klicken Sie doppelt auf das Pinsel-Symbol *Format übertragen* in der oberen Symbolleiste.

4. Wenn an der Einfügemarke ein Pinsel-Symbol erscheint, ziehen Sie bei gedrückter linker Maustaste die Einfügemarke über die zu formatierenden Zeichen.

5. Nach der ersten Stelle lassen Sie die Maustaste los, bewegen die Einfügemarke zu der neuen Stelle und „überstreichen" diese ebenso. Für alle weiteren Textstellen in Ihrem Mustertext verfahren Sie in gleicher Weise.

6. Um die Funktion zu beenden, klicken Sie erneut auf das Pinsel-Symbol.

➢ **Ergebnis:**

Leistungsstarke Monitore für jeden PC der Firma YNOS.

Diese Firma hat ihre Produktpalette durch zwei neuentwickelt
basieren auf einer sehr flachen, hochauflösenden und sorgfäl
mit einer Lochmaske von 0,28 mm. Und das bietet Ihnen die

CyberScreen-Technologie: automatische Optimierung der
Plug & Play: einfaches Anschließen und automatisches Kon
TCO '92: Strahlungsarmut und Power-Management.
On-Screen-Display: Bildparameter am Bildschirm mit mode
EG-Richtlinien-konform: alle Monitore mit TÜV-GS und CE-
Audio: alle Monitore mit eingebauter Audiofunktion für exzell

➢ **Hinweis:**

Um nur einmal das zuletzt verwendete Format zu übertragen, klicken Sie auch nur einmal kurz auf das Pinsel-Symbol. Nach der Übertragung des Formats beendet sich die Funktion dann von selbst.

➢ Ziel:

Sie können Zeichenformate über das Menü *Format* zuweisen.

➢ Lösung:

1. Markieren Sie die Zeile „Ergonomisch und Brillant - Neue Monitore...“.
2. Wählen Sie den Menüpunkt *Format / Zeichen...*
3. Im Dialogfeld wählen Sie auf der Registerkarte *Schrift* den Schriftgrad *14* und im Bereich *Darstellung* die Option *Kapitälchen* aus.

4. Auch wenn Sie nicht farbig drucken können, sollten Sie die Möglichkeit nutzen, wichtige Texte farbig darzustellen. Über das Feld *Farbe* können Sie Ihre Auswahl vornehmen.
5. Klicken Sie auf die Schaltfläche *OK*, um dem Text die Formatierung zuzuweisen.

➢ Ergebnis:

ERGONOMISCH UND BRILLANT - NEUE MONITORE FÜR PROFESSIONELLE ANWENDER

4.2 Der Word-Textmarker - Wichtiges mit Leuchteffekt

Eine besondere Art der Formatierung ist das Format *Hervorheben.* Damit lassen sich wichtige Textpassagen farbig hervorheben, ganz so als halten Sie ein Schriftstück in der Hand und streichen sich beim Lesen wichtige Stellen mit einem Textmarker an.

➢ **Ziel:**

Sie können wichtige Textpassagen farbig hervorheben und wieder entfernen.

➢ **Lösung:**

1.  Klicken Sie auf den Abwärtspfeil neben dem Stiftsymbol *Hervorheben* in der Format-Symbolleiste und wählen Sie aus der eingeblendeten Liste per Mausklick eine Farbe aus.
2. Wenn am Mauszeiger das Stiftsymbol zu sehen ist, markieren Sie einfach mit gedrückter linker Maustaste den vorzuhebenden Text, z.B. „Leistungsstarke Monitore für jeden PC ...“.
3. Beenden Sie den Markierungsmodus mit einem erneuten Klick auf die Schaltfläche *Hervorheben.*
4. Um die Markierung zu entfernen, muss der Text markiert sein.
5. Klicken Sie dann auf den Abwärtspfeil und wählen Sie in der Liste das Feld *Ohne* aus.

4.3 Formate entfernen

Natürlich können Sie eine einmal zugewiesene Formatierung auch wieder zurücknehmen. Das können Sie entweder gleich mit einem Klick auf die Schaltfläche *Rückgängig*  erledigen oder mit Hilfe der Symbole in der Format-Symbolleiste.

➢ **Ziel:**

Sie können eine Fett-Formatierung wieder **zurücknehmen**.

➢ **Lösung:**

Klicken Sie in das formatierte Wort (z.B. „Audio“ im Mustertext) oder markieren Sie die entsprechende Textmenge. Daraufhin erscheint das Symbol *Fett* in der Symbolleiste so, als wäre es wie eine Taste eingedrückt - nämlich hellgrau.

Sie brauchen jetzt nur das Symbol noch einmal anklicken, und die Formatierung wird entfernt.

Da die Symbole wie An- und Ausschalter wirken, können Sie diese so oft wie nötig anklicken.

➢ **Hinweis:**

Auch mit einer Tastaturabkürzung können Sie eine Zeichenformatierung zurücknehmen. Klicken Sie dazu in das formatierte Wort oder markieren Sie die entsprechende Textmenge. Drücken Sie dann die <Strg> + <Leer>-Taste.

4.4 Absätze in Form bringen - Absatzformate verwenden

Um den Text weiter in Form zu bringen, können Sie einzelne Absätze durch verschiedene Formate hervorheben. Einfache Formate können Sie mit einem Klick auf das entsprechende Symbol in der Format-Symbolleiste direkt zuweisen, während weiterführende Formate nur über ein Dialogfeld einzustellen sind.

Varianten einer Absatzformatierung zeigt die folgende Abbildung:

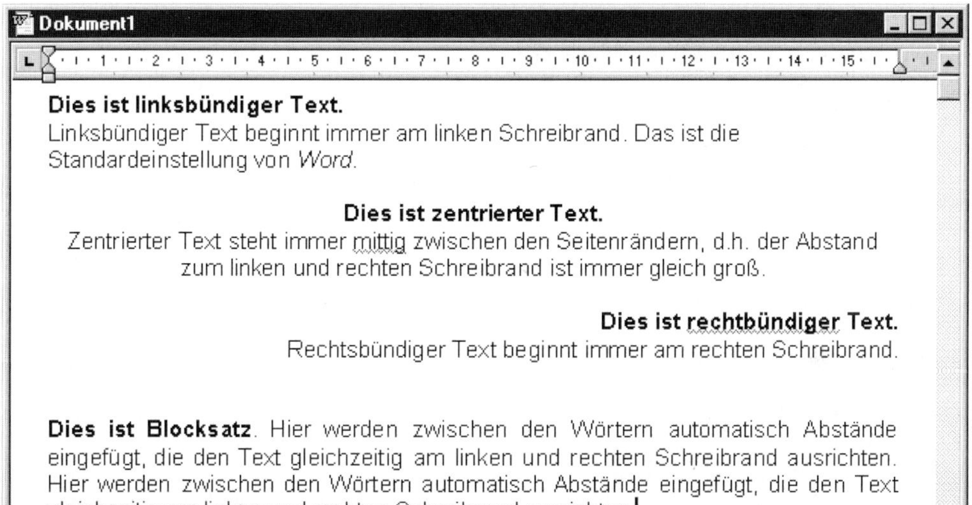

➢ **Ziel:**

Sie können dem Mustertext verschiedene Absatzformate über die Symbolleiste zuweisen.

➢ **Lösung zum Formatieren eines Absatzes:**

 Klicken Sie auf eine beliebige Stelle in der Zeile „Göttingen,“ und dann in der Format-Symbolleiste auf *Rechtsbündig*.

➢ Lösung zum Formatieren mehrerer Absätze:

Markieren Sie die beiden Absätze „Rufen Sie uns an..." und die Telefonnummer.

Klicken Sie dann in der Format-Symbolleiste auf *Zentriert.*

➢ Ergebnis:

Die Zeile mit dem Ortsnamen wurde an den rechten Schreibrand gerückt, während die zwei Absätze jetzt zum linken und rechten Schreibrand gleichen Abstand haben.

➢ Hinweis:

Und so bekommen Sie noch das aktuelle Datum neben den Ortsnamen:

1. Klicken Sie hinter das Komma in der Zeile *Göttingen.*
2. Wählen Sie den Befehl *Einfügen / Datum und Uhrzeit...*
3. Suchen Sie sich in der Liste ein Datumsformat per Mausklick aus.

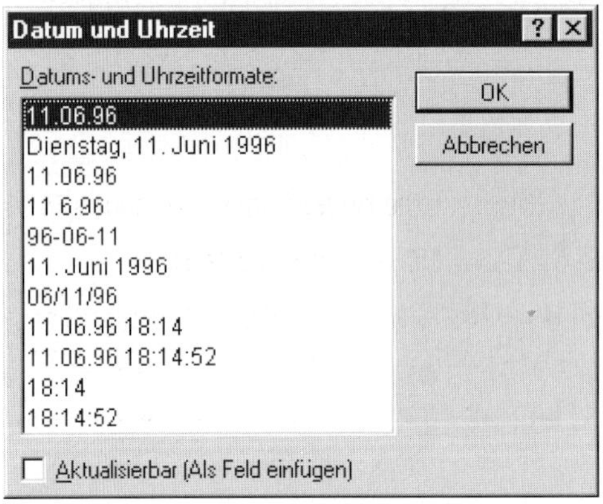

4. Um das Datum beim Drucken des Dokuments automatisch zu aktualisieren, aktivieren Sie das Kontrollkästchen *Aktualisierbar*.
5. Klicken Sie auf *OK* um das aktuelle Datum einzufügen. Dieses stimmt natürlich nur, wenn es in der Windows-Systemsteuerung unter *Datum/Uhrzeit* auch richtig eingestellt ist.

Notizen

➢ **Ziel:**

Sie können Einzüge und Abstände für Absätze festlegen.

➢ **Lösung:**

1. Sollte unter der Symbolleiste kein Lineal zu sehen sein, wählen Sie zunächst den Menüpunkt *Ansicht / Lineal.*
2. Klicken Sie mit der Einfügemarke auf eine beliebige Stelle innerhalb des Satzes „Leistungsstarke Monitore für..."
3. Bewegen Sie den Mauszeiger auf das kleine Rechteck am linken Rand des Lineals und ziehen Sie dieses mit gedrückter linker Maustaste nach rechts. Auf der 1 cm - Marke des Lineals lassen Sie die Maustaste los. Während des Ziehens zeigt Ihnen eine Strichlinie den Abstand vom linken Rand optisch an.

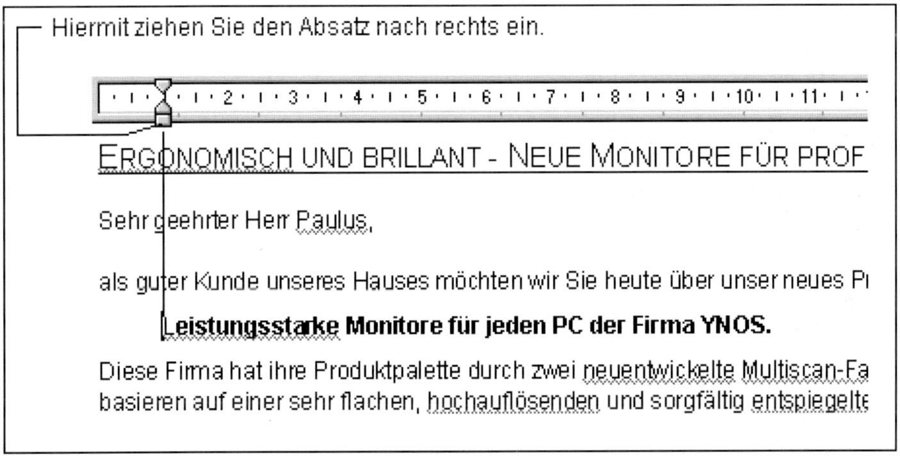

➢ **Ergebnis:**

Sie haben die Zeile, in der die Einfügemarke steht, um 1 cm nach rechts eingezogen.

➢ **Hinweise:**

1.  Einen Standardeinzug vom linken Schreibrand können Sie auch mit einem Mausklick auf das Symbol *Einzug vergrößern* erzielen.

2. Mit dem oberen Dreieck ziehen Sie nur die erste Zeile eines Absatzes ein, während Sie mit dem unteren Dreieck alle Zeilen außer der ersten einziehen.
   Mit dem Dreieck am rechten Ende des Lineals ziehen Sie einen Absatz vom rechten Schreibrand aus ein.

4 Perfektes Outfit leicht gemacht

➢ Ziel:

Sie können Abstände zwischen Absätzen einstellen, um eine bessere optische Trennung zu erzielen.

➢ Lösung:

1. Klicken Sie in den Absatz „Leistungsstarke Monitore für ...“ und wählen Sie den Menüpunkt *Format / Absatz...*
2. Auf der Registerkarte *Einzüge und Abstände* stellen Sie im Bereich *Abstand* den Abstand *vor* und *nach* mit jeweils *6 pt* (Punkt) ein. Dazu brauchen Sie nur kurz auf die kleinen Aufwärtspfeile klicken.

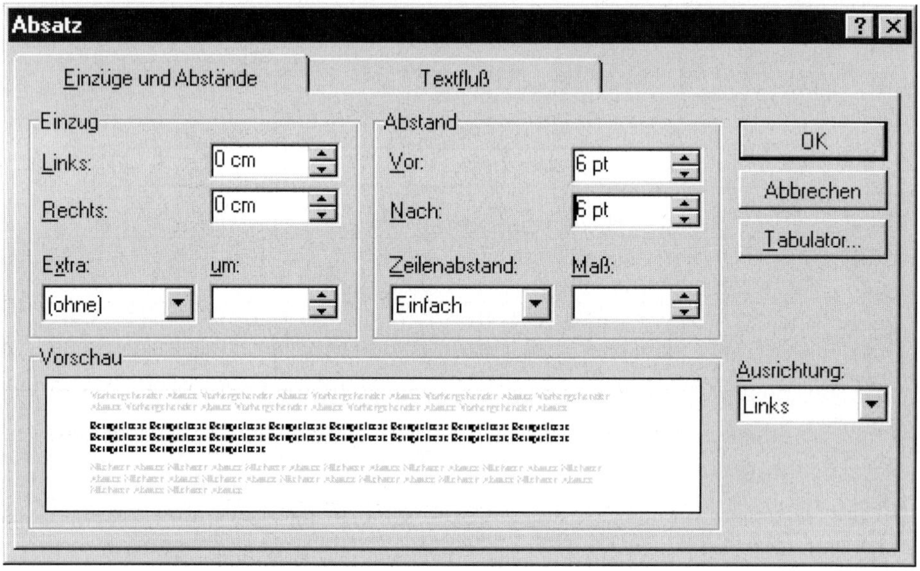

3. Mit einem Klick auf die Schaltfläche *OK* schließen Sie das Dialogfeld.
4. Klicken Sie in die Absenderzeile und wählen Sie wieder *Format / Absatz...*
5. Stellen Sie im Bereich *Abstand* unter *nach* einen Abstand von *3 pt* ein. Dazu klicken Sie doppelt auf die Zahl und geben die neue Zahl über die Tastatur ein.

➢ Ergebnis:

Der Absatz mit dem Absender hat jetzt einen etwas größeren Abstand zum Anschriftenfeld. Der Absatz mit dem Text „Leistungsstarke Monitore...“ hat jetzt zum oberen und unteren Absatz einen größeren Abstand.

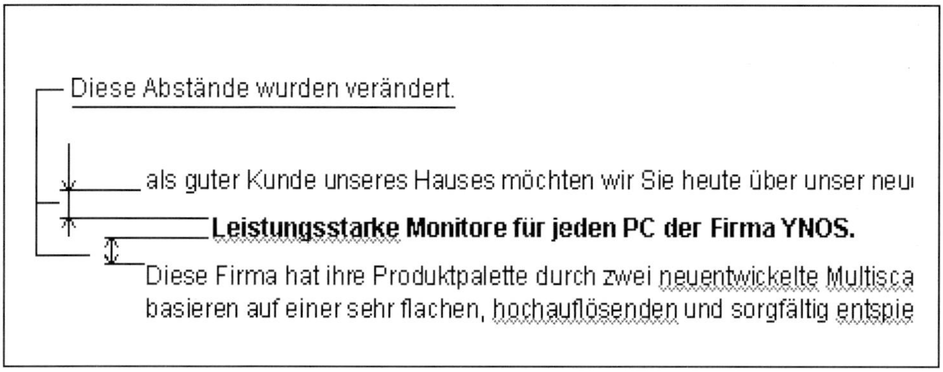

➢ **Ziel:**

Sie können den Zeilenabstand innerhalb eines Absatzes einstellen.

➢ **Lösung:**

1. Markieren Sie die folgenden Sätze:

> Überzeugen Sie sich von der enormen Qualität der neuen Monitore und besuchen Sie uns in unseren Verkaufsräumen. Sie können dann in aller Ruhe die Monitore testen. Unser geschultes Fachpersonal berät Sie freundlich und kompetent.

2. Klicken Sie auf das Menü *Format / Absatz..* Sollte die Registerkarte *Einzüge und Abstände* nicht im Vordergrund liegen, klicken Sie auf die Registerzunge.

3. Klicken Sie auf den Abwärtspfeil unter dem Feld *Zeilenabstand* und wählen Sie in der Liste den Abstand *1,5 Zeilen* per Mausklick aus. Danach schließen Sie das Dialogfeld mit *OK.*

➢ **Ergebnis:**

Alle Zeilen des Absatzes haben nun einen größeren Abstand zueinander und fallen dadurch besser auf.

4.5 Auffallende Optik - Absätze mit Rahmen und Schattierungen

Wie sich wichtige Textabschnitte vom übrigen Text abheben können, haben Sie ja im vorigen Abschnitt bereits kennengelernt. Ein weiteres und interessantes Gestaltungsmerkmal ist das Hinzufügen von Rahmen und Schattierungen um einen Absatz.
Und das beste daran ist, dass Sie ein so erzeugtes Format auch noch speichern und auf beliebige andere Absätze - egal in welchem Dokument - übertragen können.

➢ **Ziel:**

Sie können einen Absatz mit einem Rahmen versehen und dem Absatz verschiedene Merkmale zuweisen.

➢ **Lösung:**

1. Markieren Sie den Text „Rufen Sie uns an..." einschließlich der Telefonnummer.
2. Wählen Sie den Menüpunkt *Format / Rahmen und Schattierung...* Im Dialogfeld der Registerkarte *Rahmen* klicken Sie unter *Standardvorgaben* auf die Option *Schattiert.*

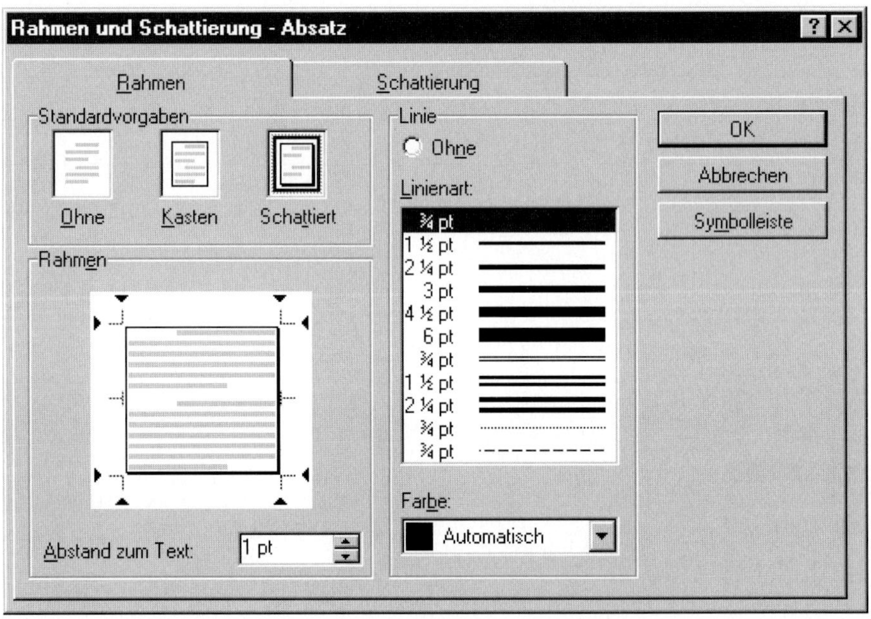

3. Klicken Sie dann auf die Registerzunge *Schattierung* und wählen Sie im Feld *Vordergrund* die Farbe *Zyan.* Dazu brauchen Sie nur auf den Abwärtspfeil klicken und die Farbe aus dem Listenfeld auswählen.
4. Schließen Sie das Dialogfeld mit einem Klick auf *OK.*
5. Lassen Sie die Markierung bestehen und klicken Sie auf das Symbol *Fett..*

➢ Ergebnis:

Sie haben einen Absatz mit einem Rahmen und einer Farbe versehen, und den Text durch Fettdruck, sowie durch zentrierte Ausrichtung, noch auffälliger formatiert.

Rufen Sie uns an und vereinbaren Sie einen Vorführtermin.
0561 98 76 54 - 22

➢ Ziel:

Sie können den Rahmen vom linken und rechten Schreibrand um jeweils 2 cm einziehen, um das Erscheinungsbild weiter zu verfeinern.

➢ Lösung:

1. Sollten die Absätze nicht mehr markiert sein, müssen Sie genau das jetzt nachholen.
2. Sollten Sie kein Lineal sehen, wählen Sie das Menü *Ansicht / Lineal* um es einzublenden.
3. Sollte das rechte Ende des Lineals bzw. der rechte Schreibrand nicht sichtbar sein, klicken Sie auf den Abwärtspfeil im *Zoom*-Feld und darin auf *Seitenbreite.*

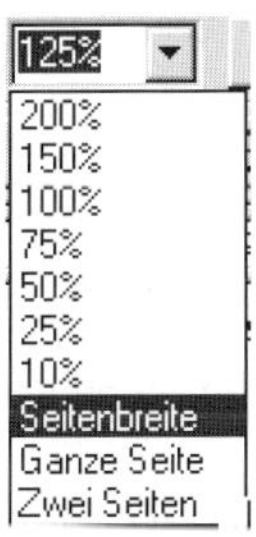

4. Ziehen Sie das kleine Quadrat am linken Ende des Lineals mit gedrückter linker Maustaste auf die *2 cm* Marke im Lineal. Danach ziehen Sie das Dreieck am rechten Ende des Lineals mit gedrückter linker Maustaste auf die *15 cm* Marke.

➢ Ergebnis:

Sie haben den Absatz und damit den Rahmen vom linken und rechten Schreibrand eingezogen. Die Ausrichtung des Textes bleibt dabei erhalten.

Notizen

4.6 Formate speichern und immer wieder verwenden - Formatvorlagen

Die im vorigen Kapitel durchgeführte Formatierung des Absatzes mit Rahmen und verschiedenen Ausrichtungen hat ja einige Arbeit gemacht. Wenn Sie eine solche (oder ähnliche) Formatierung auch in anderen Dokumenten durchführen wollen, gibt es eine einfache Lösung: Speichern Sie das Absatzformat.
Das sollten Sie immer dann tun, wenn Sie die Einheitlichkeit Ihrer Dokumente bezüglich bestimmter Überschriften oder anderer wichtiger Textpassagen sicher stellen wollen.

➢ **Ziel:**

Sie können ein Absatzformat speichern und schnell auf andere Absätze übertragen.

➢ **Lösung:**

1. Markieren Sie die beiden mit einem Rahmen und einer Schattierung versehenen Absätze, dessen Format Sie speichern wollen.

2. Klicken Sie in der unteren Symbolleiste auf das Feld *Formatvorlage.* Meist steht hier der Name *Standard.*

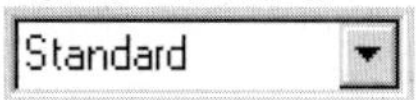

3. Überschreiben Sie diesen Namen mit einem neuen Namen, z.B. „Rahmen mit Schatten", und drücken Sie die <Eingabe>-Taste.
4. Markieren Sie die beiden letzten Zeilen „Mit freundlichen Grüßen" „Ihr PC-Profi - Team".
5. Klicken Sie in der Format-Symbolleiste auf den Abwärtspfeil des Felds *Formatvorlage* und wählen Sie aus der Liste den Namen *Rahmen mit Schatten* aus.

➢ **Ergebnis:**

Sie haben ein gespeichertes Format auf einen anderen Absatz übertragen.
Machen Sie diese Formatierung aber wieder rückgängig, denn Sie wird an dieser Stelle ja nicht gebraucht und diente nur zum Testen.

➢ **Hinweis:**

Die eben angelegte Formatvorlage wird standardmäßig in dem aktuellen Dokument gespeichert, d.h. sie steht Ihnen nicht in anderen Dokumenten zur Verfügung. Noch nicht!

Wenn Sie aber die Formatvorlage in allen Dokumenten verwenden möchten, gehen Sie so vor:

1. Wählen Sie das Menü *Format / Formatvorlage...* und im Dialogfeld die Schaltfläche *Organisieren.*
   Im linken Fenster klicken Sie auf die Zeile *Rahmen mit Schatten.*

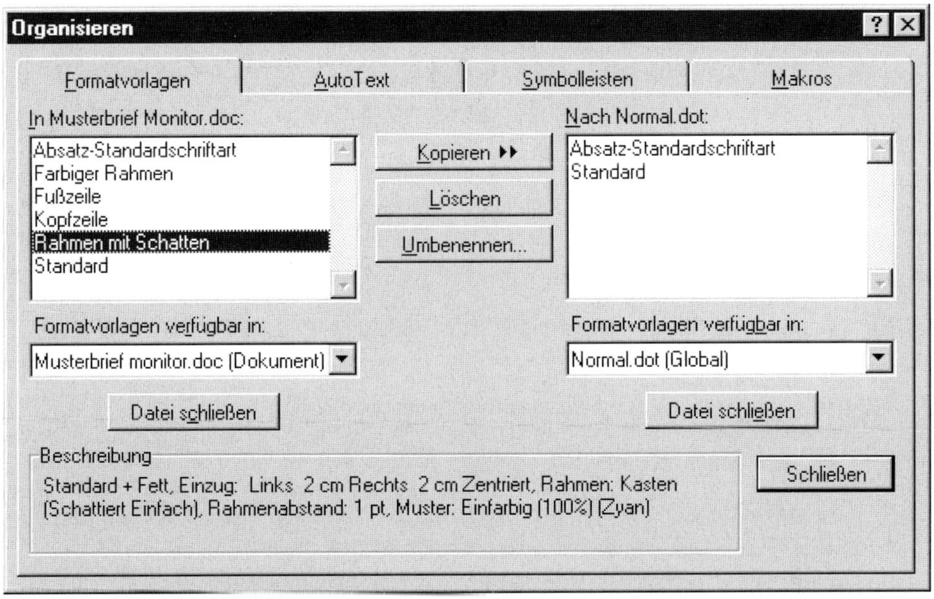

2. Klicken Sie auf die Schaltfläche *Kopieren* >>, um die Formatvorlage in das rechte Fenster *Nach Normal.dot* zu kopieren.
   Normal.dot ist die Datei, in der *Word* einige Standardeinstellungen gespeichert hat. Auf dieser Grundlage werden alle neuen und leeren Dateien erstellt, die Sie, z.B. mit dem Befehl *Datei / Neu...,* anlegen.
3. Klicken Sie auf die Schaltfläche *Schließen*, um den Vorgang abzuschließen. Von diesem Moment an steht Ihnen die Formatvorlage *Rahmen mit Schatten* in allen Dokumenten zur Verfügung, die auf der Grundlage der *Normal.dot* basieren.

Notizen

4.7 Verwandte Texte gruppieren - Aufzählungszeichen verwenden

Listen und Aufzählungen aller Art finden Sie nicht nur in dieser Schulungsunterlage, sondern auch in vielen Dokumenten des täglichen Lebens. Da werden für eine Besprechung die Tagesordnungspunkte mit Spiegelpunkten aufgeführt oder in einer Bedienungsanleitung die einzelnen Schritte durchnummeriert. Damit solche Auflistungen leichter lesbar sind, können Symbole eingefügt werden.

Beispiele für Auflistungen:

- TOP 1: Verkaufszahlen des Monats März
- TOP 2: Planzahlen für Monat Mai
- TOP 3: Vorstellen des neuen Produkts

1. Schraube lösen
2. Scheibe abnehmen
3. Gewinde reinigen

➢ **Ziel:**

Sie können in den Mustertext für die wichtigen Merkmale des Produkts Aufzählungszeichen einfügen und diese verändern.

➢ **Lösung:**

1. Markieren Sie die Absätze von „CyberScreen-Technologie“ bis einschließlich „Audio“.

2.  Klicken Sie in der Symbolleiste auf *Aufzählungszeichen.*
   Das Symbol wirkt wie ein An- und Ausschalter. Klicken Sie noch einmal auf das Symbol (wenn es grau dargestellt ist) um die Aufzählungszeichen zu entfernen.

3. Um die zugewiesenen Aufzählungszeichen zu ändern, wählen Sie den Befehl *Format / Numerierung und Aufzählungen...*

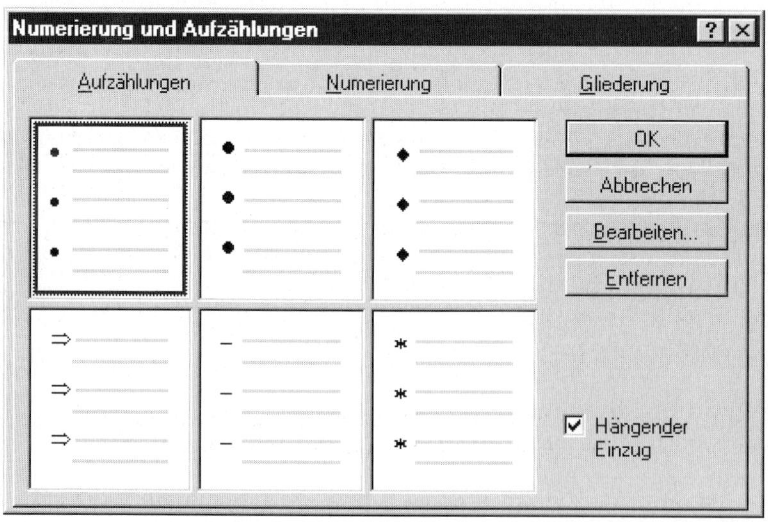

4. Sie können aus den Beispielen ein Zeichen per Mausklick auswählen. Da Ihnen aber die angebotenen Zeichen nicht gefallen, klicken Sie auf die Schaltfläche *Bearbeiten...*
5. Im folgenden Dialogfeld werden weitere Aufzählungszeichen und Optionen dazu angeboten, die Sie aber auch nicht übernehmen wollen. Klicken Sie statt dessen auf die Schaltfläche *Zeichen...*

6. Klicken Sie auf den Abwärtspfeil neben dem Feld *Sonderzeichen aus:* und wählen Sie in der Liste den Zeichensatz *Wingdings* (sollte dieser noch nicht angezeigt werden).

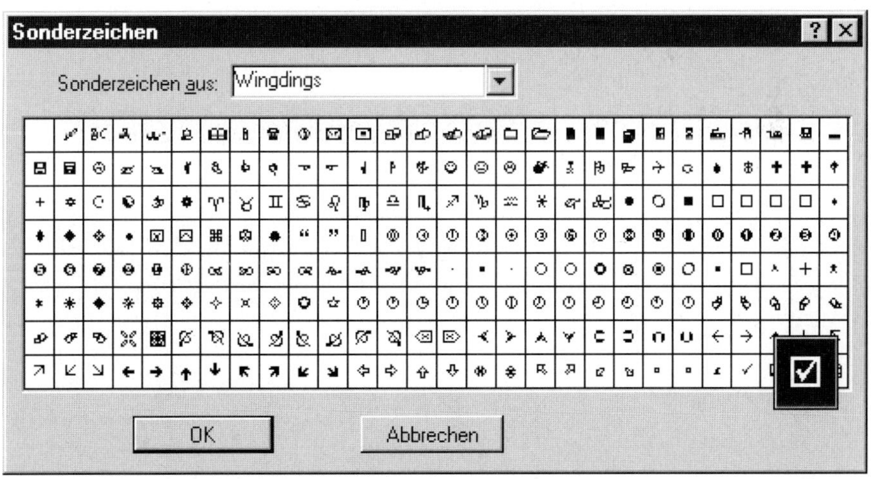

7. Setzen Sie den Mauszeiger auf ein beliebiges Symbol und ziehen Sie die Maus mit gedrückter linker Maustaste über die Symbole, um sie vergrößert zu sehen.
8. Klicken Sie das gesuchte Symbol an und anschließend auf die Schaltfläche *OK.* Noch einmal müssen Sie im Dialogfeld *Aufzählung bearbeiten* auf *OK* klicken.

➢ Ergebnis:

Sie haben den markierten Absätzen Aufzählungszeichen Ihrer Wahl zugeordnet.

- ☑ CyberScreen-Technologie: automatische Optimierung der Monitorleistung.
- ☑ Plug & Play: einfaches Anschließen und automatisches Konfigurieren.
- ☑ TCO '92: Strahlungsarmut und Power-Management.
- ☑ On-Screen-Display: Bildparameter am Bildschirm mit moderner Fenstertechnik einstellbar.
- ☑ EG-Richtlinien-konform: alle Monitore mit TÜV-GS und CE-Zeichen.
- ☑ Audio: alle Monitore mit eingebauter Audiofunktion für exzellenten Multimediakomfort.

Um die Markierung der Absätze aufzuheben, klicken Sie einfach in einen freien Bereich des Dokuments.

➢ Hinweise:

1.  Ähnlich gehen Sie vor, wenn Sie Absätze nummerieren wollen. Dazu klicken Sie dann auf das Symbol *Numerierung*.
2. Wenn Sie aus nummerierten Absätzen einen Absatz löschen, verschieben oder einen neuen Absatz einfügen, aktualisiert *Word* die Nummerierung der anderen Absätze automatisch.
3. Um eine nummerierte Zeile in einer Liste weiter nach oben oder weiter nach unten zu bringen, gehen Sie so vor:
   - Setzen Sie die Einfügemarke in die zu verschiebende Zeile,
   - Halten Sie die <Alt>-Taste und die <Shift>-Taste gleichzeitig gedrückt, während Sie entweder die <Cursor oben> oder die <Cursor unten>-Taste drücken.

Beispiel:

Numerierter Ausgangstext	Verschobene und angepaßte Zeilennummern
1. Schrauben lösen	1. Schrauben lösen
2. Schraube wieder eindrehen	2. Gewinde nachschneiden
3. Gewinde nachschneiden	3. Schraube wieder eindrehen

Diese Zeile wurde mit <Alt> + <Shift> und den Pfeiltasten verschoben

Notizen

4.8 Noch mehr Symbole - Sonderzeichen lockern den Text auf

Aus dem täglichen Leben sind Symbole bekannt: ob im Straßenverkehr, am Flughafen oder bei der Arbeit mit Windows-Programmen. Symbole sind einfach schneller als so mancher Text zu erfassen (jedenfalls meistens).
Auch Ihren Text können Sie - ähnlich der Aufzählungszeichen - mit Symbolen als Blickfang bereichern und damit vielleicht so manchen Text einsparen.

➢ **Ziel:**

Sie können ein Telefonsymbol in den Text einfügen.

➢ **Lösung:**

1. Klicken Sie mit der Einfügemarke unmittelbar links neben die Telefonnummer.
2. Wählen Sie den Befehl *Einfügen / Sonderzeichen...*
3. Im Feld *Schriftart* wählen Sie den Zeichensatz *Wingdings* aus (sollte dieser noch nicht angezeigt werden).
4. Sie brauchen dann nur auf das gesuchte Symbol klicken, die Schaltfläche *Einfügen* anklicken und - sofern Sie nicht noch weitere Symbole einfügen wollen - auf die Schaltfläche *Schließen* klicken.
5. Betätigen Sie einmal die <Leer>-Taste.

➢ **Ergebnis:**

Sie haben vor der Telefonnummer ein Symbol eingefügt und dieses mit einem Leerzeichen zur ersten Zahl getrennt.

Rufen·Sie·uns·an·und·vereinbaren·Sie·einen·Vorführtermin.¶
☎·0561·98·76·54·-·22¶

➢ **Hinweis:**

Sie können das Symbol wie normalen Text formatieren. Wenn Sie es z.B. größer oder kleiner haben möchten, markieren Sie das Symbol und wählen Sie dann über die Symbolleiste einen anderen Schriftgrad aus.

Notizen

4.9 Für die perfekte Übersicht - Tabellen im Text

Die Tabellen-Funktionen sind sehr leistungsfähige Hilfen, um Texte, Zahlen oder Bilder (Grafiken) aller Art übersichtlich und strukturiert darzustellen. Egal, ob es sich um Urlaubspläne, Rechnungen oder einen Lebenslauf handelt, alles ist machbar.
Wenn Sie wollen, können Sie sogar in der Tabelle Berechnungen ausführen lassen.

➢ **Ziel:**

Sie können eine Tabelle mit 2 Spalten und 6 Zeilen erstellen.

➢ **Lösung:**

1. Klicken Sie mit der Einfügemarke links neben die vorletzte Absatzmarke in Ihrem Mustertext. Sollten Sie keine Absatzmarke sehen, klicken Sie auf  *anzeigen / verbergen.*

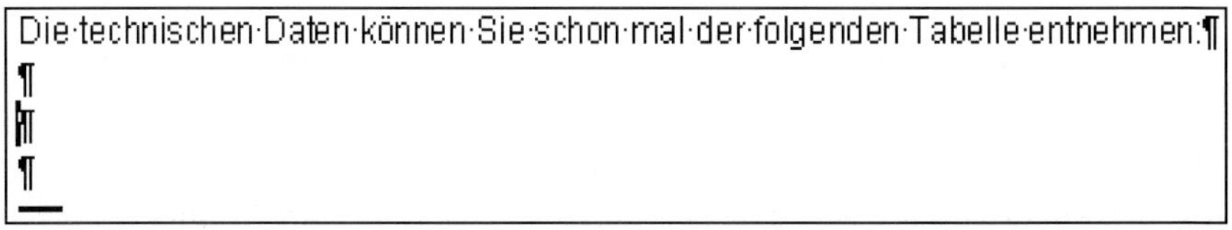

2.  Klicken Sie auf das Symbol *Tabelle einfügen.* Es öffnet sich ein Feld mit weißen Quadraten.

3. Bewegen Sie den Mauszeiger auf das erste Quadrat links oben. Halten Sie die linke Maustaste gedrückt und ziehen 2 Felder nach rechts (für die Spalten) und 6 Felder nach unten (für die Zeilen).
   Lassen Sie die Maustaste los, wenn unter den markierten Quadraten die Angabe *6 x 2 Tabelle* erscheint.

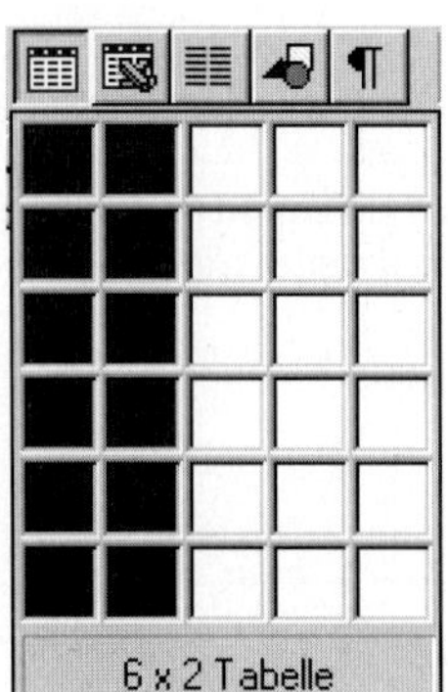

➢ **Ergebnis:**

Sie haben eine Tabelle mit der gewünschten Anzahl an Zeilen und Spalten eingefügt, die Ihnen im Dokument mit gepunkteten Linien, den Gitternetzlinien, angezeigt wird. Die Breite der Tabelle nimmt die gesamte Blattbreite ein und die Spalten sind gleich groß.

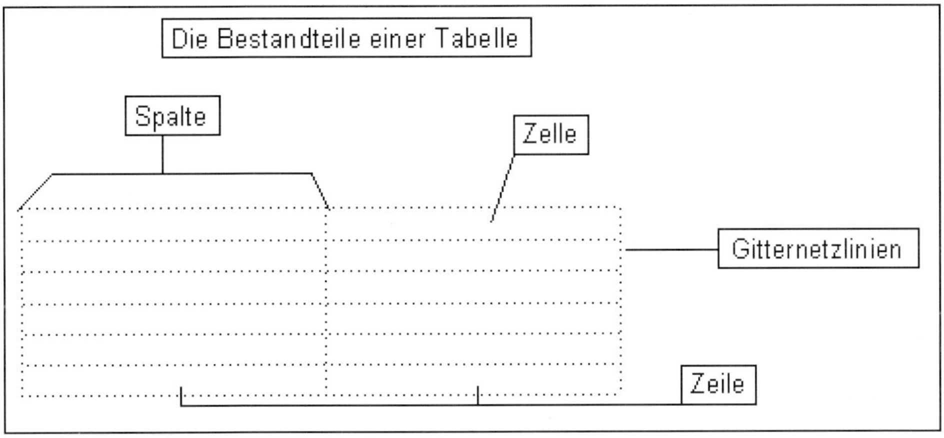

➢ **Hinweise:**

1. Sollten keine Gitternetzlinien sichtbar sein, schalten Sie diese mit dem Befehl *Tabelle / Gitternetzlinien* ein.
2. Die Gitternetzlinien dienen nur zur Orientierung am Bildschirm und werden nicht gedruckt.
3. Alternativ können Sie eine Tabelle auch über ein Dialogfeld einfügen. Wählen Sie hierzu den Befehl *Tabelle / Tabelle einfügen...* Sie können dann im Dialogfeld die Anzahl der Zeilen und Spalten, sowie die Spaltenbreite, nummerisch bestimmen.

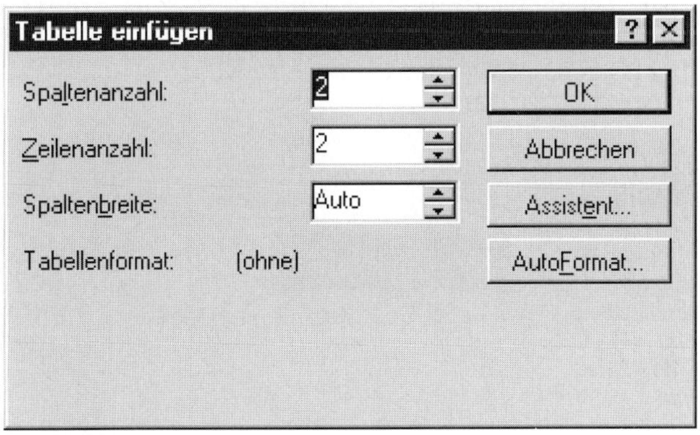

4. Wenn Sie mit  *anzeigen / verbergen* die Sonderzeichen im Text sichtbar geschaltet haben, sehen Sie in jeder Zelle eine Zellmarke. Ähnlich wie im Text die Einfügemarke, geben Sie an dieser Stelle in einer Zelle den Text ein.

4 Perfektes Outfit leicht gemacht

➢ **Ziel:**

Sie können Tabellen neue Zeilen und Spalten hinzufügen.

➢ **Lösung:**

1. Um eine neue Zeile hinzuzufügen, setzen Sie die Einfügemarke in eine beliebige Zelle, über der eine neue Zeile eingefügt werden soll. Wählen Sie dann den Befehl *Tabelle / Zeilen einfügen...*
2. Zum Einfügen einer Spalte gehen Sie so vor:
   Bewegen Sie den Mauszeiger auf den oberen Rand der Tabelle und somit über die Spalte, neben der links eine neue Spalte eingefügt werden soll. Wenn sich am Rand der Spalte der Mauszeiger in einen Abwärtspfeil ändert, klicken Sie die linke Maustaste, um die Spalte zu markieren. Wählen Sie dann den Befehl *Tabelle / Spalten einfügen...*

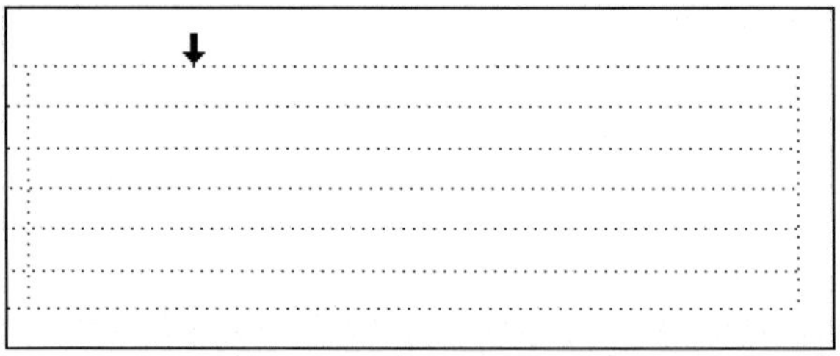

➢ **Ergebnis:**

Ihre Tabelle hat jetzt drei Spalten und sieben Zeilen. Die rechte Spalte ist allerdings nicht vollständig zu sehen, weil Sie über den rechten Schreibrand hinausragt. Doch das wird gleich geändert.

➢ **Hinweise:**

1. Möchten Sie mehr als eine Zeile einfügen, müssen Sie zuerst die Anzahl der Zeilen markieren, die Sie einfügen wollen. Dazu gibt es links neben der Tabelle einen Markierungsbereich, in den Sie den Mauszeiger setzen und eine Markierung aufziehen können.

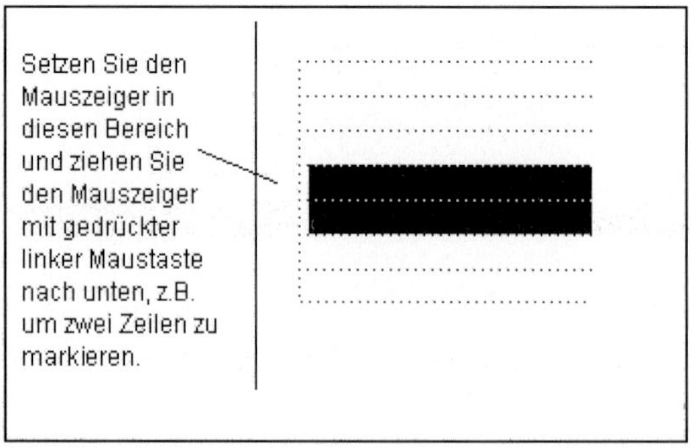

2. Entsprechendes gilt für das Einfügen von Spalten. Setzen Sie den Mauszeiger über die Spalte. Wenn der Abwärtspfeil erscheint, ziehen Sie die Maus mit gedrückter linker Maustaste über die entsprechende Anzahl der einzufügenden Spalten.

3. Zum Löschen von Spalten und Zeilen verfahren Sie übrigens ähnlich: Zeile(n) oder Spalte(n) markieren und den Befehl *Tabelle / Zeilen löschen* bzw. *Spalten löschen* auswählen.

➢ **Ziel:**

Sie können die Spaltenbreite für alle Spalten über ein Menü einstellen.

➢ **Lösung:**

1. Bewegen Sie den Mauszeiger auf den oberen Rand der linken Spalte. Wenn sich der Mauszeiger in einen Abwärtspfeil geändert hat, markieren Sie mit gedrückter linker Maustaste alle drei Spalten.

2. Wählen Sie das Menü *Tabelle / Zellenhöhe und -breite...*
   Auf der Registerkarte *Spalte* stellen Sie im Feld *Breite der Spalten 1 - 3:* die Breite 5 (cm) ein und klicken auf *OK.*

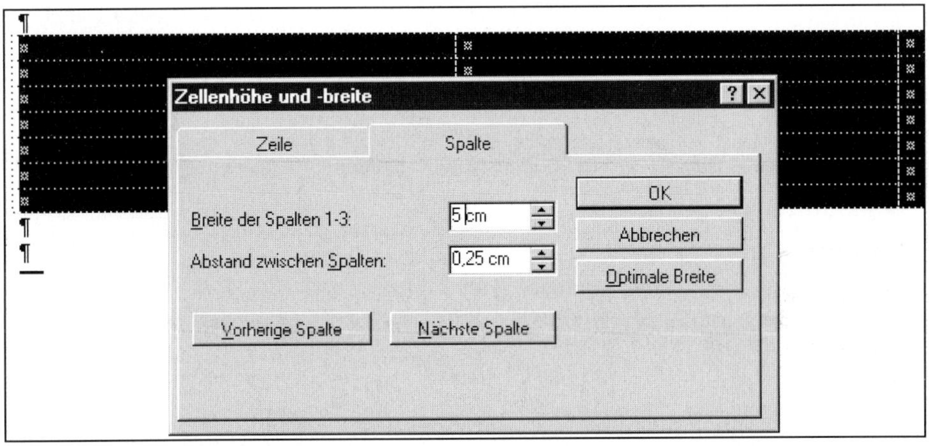

3. Um die Markierung der Tabelle aufzuheben, klicken Sie einmal kurz auf die Tabelle.

➢ **Ergebnis:**

Word hat die Breite aller Spalten auf das eingestellte Maß verstellt. Jetzt sind alle Spalten vollständig sichtbar.

➢ **Ziel:**

Sie können jetzt die Tabelle mit „Leben" füllen und Korrekturen durchführen.

➢ Lösung:

Klicken Sie in die linke obere Zelle (falls die Einfügemarke dort nicht schon blinkt) und geben Sie den Text „Technische Daten" ein. Um zur nächsten Zelle zu kommen, drücken Sie die <Tab>-Taste. Diese drücken Sie so oft, bis die Einfügemarke in der gewünschten Zelle blinkt. Hier geben Sie dann den nächsten Text ein.

Wenn Sie nach der letzten Zelle in der rechten untersten Ecke der Tabelle die <Tab>-Taste drücken, fügt *Word* automatisch eine neue Zeile ein. Sollte dies mal passieren und Sie die Zeile aber nicht benötigen, klicken Sie gleich auf das Symbol *Rückgängig.*

Anstatt die Einfügemarke mit der <Tab>-Taste von Zelle zu Zelle zu bewegen, können Sie auch einfach in die Zelle klicken, in der Sie etwas eingeben möchten.

Schreibfehler korrigieren Sie genauso, wie in normalen Texten auch: Einfügemarke an die fehlerhafte Stelle bringen und mit der <Entf>-Taste oder der <Rück>-Taste die Zeichen löschen.

Um den Text in einer Zelle komplett zu überschreiben, klicken Sie ihn doppelt an und geben die neuen Zeichen ein. Einen so markierten Text können Sie natürlich auch mit der <Entf>-Taste löschen. Gelöscht wird aber immer nur der Zellinhalt, die Zelle selber bleibt bestehen.

➢ Ergebnis:

Sie haben die Tabelle mit Texten und Zahlen gefüllt. Sie sollte jetzt wie in der folgenden Abbildung aussehen.

Technische Daten		
Modell	Multiscan 15 Y	Multiscan 17 Y
Bilddiagonale (cm)	38 (15 Zoll)	43 (17 Zoll)
Schlitzmaske (mm)	0,28	0,28
max. Auflösung	1024 x 768	1280 x 1024
max. Bildwiederholfr.	80 Hz	76 Hz
Abmessungen in cm (B x H x T)	37 x 39 x 39	42 x 42 x 44

➢ Hinweis:

Wenn der Text länger als die Breite der Zelle ist, führt *Word* in der Zelle einen Zeilenumbruch durch, d.h. die Höhe der Zelle wird automatisch vergrößert.
Die Breite der Zelle bzw. Spalte können Sie jedoch nachträglich anpassen.

➢ Ziel:

Sie lernen verschiedene Verfahren zur Anpassung der Spaltenbreite kennen.

➢ Lösung:

1. Das Dialogfeld *Tabelle / Zellenhöhe und -breite...* haben Sie ja schon kennengelernt. Jetzt soll die Spaltenbreite durch Ziehen mit der Maus angepasst werden.

2. Bewegen Sie dazu den Mauszeiger auf die senkrechte Spaltenbegrenzung zwischen der ersten und zweiten Spalte.

3. Wenn sich der Mauszeiger in einen Doppelpfeil 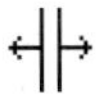 ändert, ziehen Sie mit gedrückter linker Maustaste die Spaltenbegrenzung nach rechts und lassen dann die Maustaste los. Sollte danach der Text immer noch nicht in einer Zeile stehen, müssen Sie die Breite noch weiter vergrößern.

➢ Hinweise:

Beim Anpassen der Spaltenbreite mit der Maus können Sie zusätzliche Tasten gedrückt halten, um die Breite der anderen Spalten zu beeinflussen:

1. <Shift>-Taste + Ziehen des Doppelpfeils: es ändert sich nur die unmittelbar benachbarte Spalte, alle anderen Spalten behalten ihre Breite bei.

2. <Strg>-Taste + <Shift>-Taste + Ziehen des Doppelpfeils: die Breite der benachbarten Spalten bleibt erhalten. Die Spalten werden aber verschoben, so dass sich auch die Gesamtbreite der Tabelle ändert.

➢ Ziel:

Sie können die Tabelle automatisch formatieren lassen, um das Erscheinungsbild zu verbessern.

➢ Lösung:

1. Klicken Sie in eine beliebige Zelle der Tabelle und wählen Sie den Befehl *Tabelle / Tabelle AutoFormat...*

2. In der linken Liste sind verschiedene Formate mit ihrem Namen aufgeführt. Rollen Sie mit den Laufleisten durch die Liste bis zum Format *Gitternetz 8.* Klicken Sie den Namen an und betrachten Sie die Vorschau. Beachten Sie auch die Optionen, z.B. *Optimale Breite, Überschriften* oder *Erste Spalte.*

3. Klicken Sie auf die Schaltfläche *OK.*

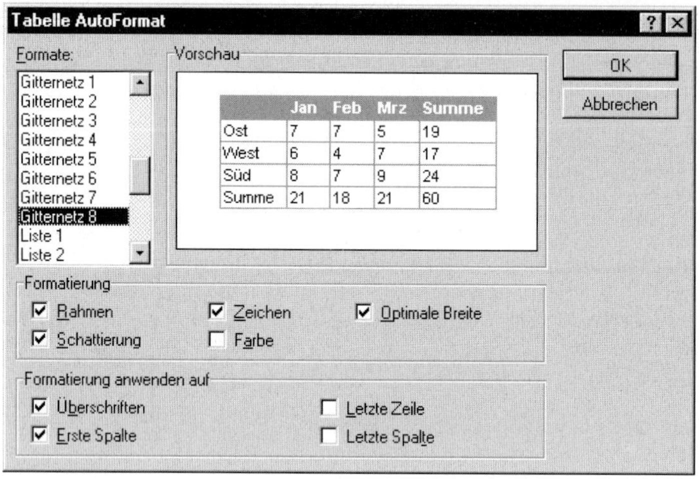

➢ **Ergebnis:**

Word hat die Tabelle automatisch formatiert, d.h. blitzschnell die optimale Breite der Spalten eingestellt, Rahmenlinien hinzugefügt u.a.m.

Technische Daten		
Modell	Multiscan 15 Y	Multiscan 17 Y
Bilddiagonale (cm)	38 (15 Zoll)	43 (17 Zoll)
Schlitzmaske (mm)	0,28	0,28
max. Auflösung	1024 x 768	1280 x 1024
max. Bildwiederholfr.	80 Hz	76 Hz
Abmessungen in cm (B x H x T)	37 x 39 x 39	42 x 42 x 44

Notizen

➢ **Ziel:**

Sie können die formatierte Tabelle „von Hand“ nachformatieren, um ihr den letzten Schliff zu geben.

➢ **Lösung:**

1. Markieren Sie die erste Tabellenzeile „Technische Daten“, indem Sie links neben der Zeile einmal klicken. Wählen Sie dann den Befehl *Tabelle / Zellen verbinden... Word* verbindet die drei markierten Zellen dann zu einer einzigen Zelle.

   Klicken Sie dann unmittelbar hinter das Wort *Daten* und drücken Sie einmal die <Entf>-Taste, damit die automatisch eingefügte Absatzmarke entfernt wird und die Spalte dieselbe Höhe wie vorher bekommt.

2.  Sollte die Zeile „Technische Daten“ nicht mehr markiert sein, holen Sie dies bitte nach. Klicken Sie dann auf die Schaltfläche *Zentriert*.

3. Markieren Sie die zweite Zeile *Modell* und klicken Sie auf die Schaltfläche *Fett* 

.

➢ **Ergebnis:**

Technische Daten		
Modell	**Multiscan 15 Y**	**Multiscan 17 Y**
Bilddiagonale (cm)	38 (15 Zoll)	43 (17 Zoll)
Schlitzmaske (mm)	0,28	0,28
max. Auflösung	1024 x 768	1280 x 1024
max. Bildwiederholfr.	80 Hz	76 Hz
Abmessungen in cm (B x H x T)	37 x 39 x 39	42 x 42 x 44

4.10 Die Tabelle im Text verschieben - Mit Positionsrahmen

Wenn Sie den Mustertext auf S. 68 betrachten, sehen Sie, dass die Tabelle ungefähr in der Mitte des Blattes steht. Hierzu muss die Tabelle in einen Positionsrahmen gesteckt werden, der dann an jede beliebige Stelle verschoben werden kann.

➢ **Ziel:**

Sie können die Tabelle in einen Positionsrahmen einfügen und den Rahmen verschieben.

➢ **Lösung:**

1. Markieren Sie die gesamte Tabelle, z.B. mit dem Befehl *Tabelle / Tabelle markieren...* Dazu muss die Einfügemarke irgendwo in der Tabelle stehen.

2. Wählen Sie den Befehl *Einfügen / Positionsrahmen...*

3. *Word* fragt Sie: „Möchten Sie zur Layout-Ansicht umschalten?“ Beantworten Sie die Frage mit einem Klick auf die Schaltfläche *Ja.*
   Dadurch zeigt *Word* Ihnen das Dokument so an, wie es gedruckt aussieht. Nur in dieser Ansicht kann der Positionsrahmen verschoben werden.

4. Bewegen Sie die Einfügemarke auf den Rand des schraffierten Positionsrahmens. Wenn ein Zeiger mit einem 4fach-Pfeil angezeigt wird, ziehen Sie mit gedrückter linker Maustaste den Rahmen so weit nach rechts, bis die Tabelle ungefähr in der Seitenmitte steht.

➢ **Hinweis:**

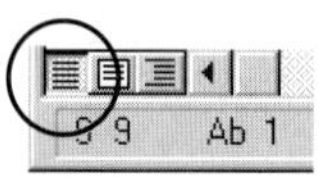

Um von der *Layout-Ansicht* wieder in die *Normal-Ansicht* zu schalten, klicken Sie auf das äußere linke Symbol über der Statuszeile. Ihre Tabelle steht jetzt **nur auf dem Bildschirm** wieder am linken Schreibrand. Gedruckt würde Sie jedoch genau an der Stelle, auf die Sie sie vorhin geschoben haben. In der *Normal-Ansicht* werden Positionsrahmen (und auch Grafiken, Bilder, ect.) nicht an der Stelle angezeigt, wo Sie tatsächlich stehen.

Mehr zu den Ansichtsdarstellungen erfahren Sie im Kapitel 5.

Speichern Sie jetzt das momentane Arbeitsergebnis. Dazu brauchen Sie nur in der Symbolleiste auf das Diskettensymbol klicken. Einen Dateinamen haben Sie ja schon im Kapitel 3.24 vergeben.

Notizen

4.10 Rechnen - Die Tabelle kann's

Ähnlich wie in einem Tabellenkalkulationsprogramm können Sie auch in einer Word-Tabelle einfache Berechnungen durchführen. In der Tabelle auf dem Mustertext gibt es zwar nichts zu rechnen, dennoch soll hier eine Möglichkeit vorgestellt werden.

Um zu sehen wie das geht, öffnen Sie ein neues leeres Dokument mit einem Klick auf das Symbol *Neu.*

Fügen Sie dann über das Symbol *Tabelle einfügen* eine Tabelle mit 2 Spalten und 10 Zeilen ein. Anschließend füllen Sie die Tabelle nach der folgenden Abbildung aus. Die Zahlen in der Spalte DM richten Sie *Rechtsbündig* aus.

Ausgaben	**in DM**
Miete	1250,00
Strom	110,00
Wasser	55,00
Heizöl	87,00
Nahrungsmittel	850,00
Versicherungen	225,00
Ausgaben-Gesamt	
Einnahmen	5000,00
Saldo	

➢ **Ziel:**

Sie können die Zahlen einer Spalte addieren.

➢ **Lösung:**

1. Klicken Sie mit der Einfügemarke in die Zelle neben „Ausgaben-Gesamt", um hier die Summe zu berechnen.
2. Wählen Sie den Befehl *Tabelle / Formel...Word* analysiert die Tabelle und schlägt die Formel *=SUMME(ÜBER)* vor. Wenn die Formel nicht erscheint, müssen Sie diese in der angegebenen Schreibweise selber eingeben.
3. Klicken Sie auf den Abwärtspfeil neben dem Feld *Zahlenformat* und wählen Sie per Mausklick das Format *DM* aus.

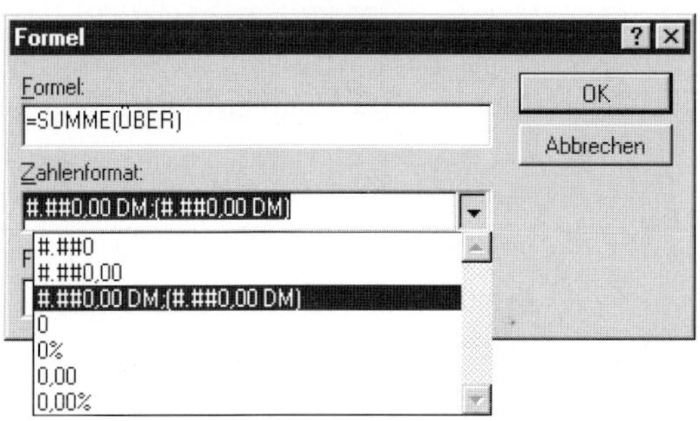

4. Klicken Sie auf die Schaltfläche *OK.*

➢ Ergebnis:

Der eingebaute Taschenrechner von *Word* hat blitzschnell die Summe aller Ausgabenposten berechnet. Wenn Sie die Zahlen aus dem Beispiel verwendet haben, lautet die Summe 2.577,00 DM.

➢ Hinweise:

1. Wenn *Word* keine passende Formel vorschlägt, erscheint im Feld *Formel* das Gleichheitszeichen „=“, und Sie müssen die Formel selber eingeben.
   Eine Formel muss grundsätzlich immer mit dem Gleichheitszeichen eingeleitet werden.

2. Wenn Sie die Zahlen einer Zeile addieren wollen, lautet die Formel *=SUMME(LINKS)*, wenn alle zu addierenden Zahlen links von der Ergebniszelle stehen.

➢ Ziel:

Sie können in Tabellen mit Zellbezügen rechnen.

➢ Lösung:

Um in der Tabelle leichter rechnen zu können, besitzt jede Zelle eine Adresse. Diese setzt sich aus einem Spaltenbuchstaben (A, B, C, usw.) und einer Zeilennummer (1, 2, 3, usw.) zusammen.
Die oberste linke Zelle einer Tabelle hat die Adresse „a1“, die Zelle darunter „a2“, die Zelle rechts daneben „b2“, usw.

Der folgenden Abbildung können Sie einige Zelladressen entnehmen, die sich entsprechend fortsetzten, je mehr Zellen die Tabelle enthält.

a1	b1	c1	d1	e1
a2	b2	c2	d2	e2
a3	b3	c3	d3	e3
a4	b3	c4	d4	e4

Um jetzt den Saldo in der Beispieltabelle berechnen zu können, müssen Sie von der Einnahmen-Zahl die Ausgaben-Zahl subtrahieren:

1. Klicken Sie in die Zelle rechts neben Saldo.
2. Wählen Sie den Befehl *Tabelle / Formel...*
3. Klicken Sie doppelt auf die Angabe in dem Feld *Formel* und drücken Sie die <Entf>-Taste.
4. Geben Sie dann folgende Formel ein: =b9-b8
5. Klicken Sie auf den Abwärtspfeil neben dem Feld *Zahlenformat* und wählen Sie per Mausklick das Format *DM* aus.
6. Klicken Sie auf die Schaltfläche *OK*.

➢ **Ergebnis:**

Word hat die Zahlen in den angegebenen Zellen subtrahiert und zeigt als Saldo 2.423,00 DM an.

➢ **Hinweis:**

Um die Zellen mit Formeln auf einen Blick zu erkennen, wählen Sie den Befehl *Extras / Optionen...* Auf der Registerkarte *Ansicht* klicken Sie auf den Abwärtspfeil neben *Feldschattierung*, und wählen im Listenfeld den Eintrag *Immer* aus.
Alle Zellen mit Formeln sind jetzt grau hinterlegt - ein typisches Kennzeichen für ein *Feld,* welches automatisch Informationen hinzufügt oder ändert.

➢ **Ziel:**

Sie können Zahlenänderungen in einer Tabelle mit Formeln aktualisieren.

➢ **Lösung:**

Klicken Sie doppelt auf eine zu ändernde Zahl in der Tabelle, z.B. auf *110* neben dem Posten „Strom". Ändern Sie die Zahl auf *135. Word* aktualisiert die Felder mit den Ergebnissen leider **nicht** automatisch, sondern Sie müssen selber dafür sorgen.
Dazu markieren Sie am besten die gesamte Spalte, die Formeln enthält. Drücken Sie dann die <F9>-Taste.

➢ **Ergebnis:**

Word hat alle Felder in der markierten Spalte aktualisiert, d.h. in diesem Fall die Formeln schnell neu berechnet.

Notizen

4 Perfektes Outfit leicht gemacht

➢ **Ziel:**

Sie können in Tabellen mit *Mittelwerten* rechnen.

➢ **Lösung:**

Um z.B. den Notendurchschnitt von Klassenarbeiten auszurechnen, gehen Sie so vor:

1. Klicken Sie in die Zelle, in der ein Mittelwert berechnet werden soll. Dabei wird von dem Beispiel der folgenden Abbildung ausgegangen:

	Name	**Note**
1.	Engelbrecht, Petra	4
2.	Decker, Steffen	3
3.	Paul, Angelika	2
4.	Kaese, Jürgen	2
5.	**Durchschnitt**	

1. Wählen Sie den Befehl *Tabelle / Formel...* Löschen Sie durch mehrmaliges drücken der <Rück>-Taste im Feld *Formel* alle Eintragungen, außer dem Gleichheitszeichen.

2. Klicken Sie auf den Abwärtspfeil neben *Funktion einfügen* und wählen Sie die Funktion *MITTELWERT.* Die Einfügemarke blinkt bereits zwischen den Klammern. Geben Sie jetzt den Befehl *ÜBER* ein, damit *Word* weiß, in welche Richtung gesucht werden soll.

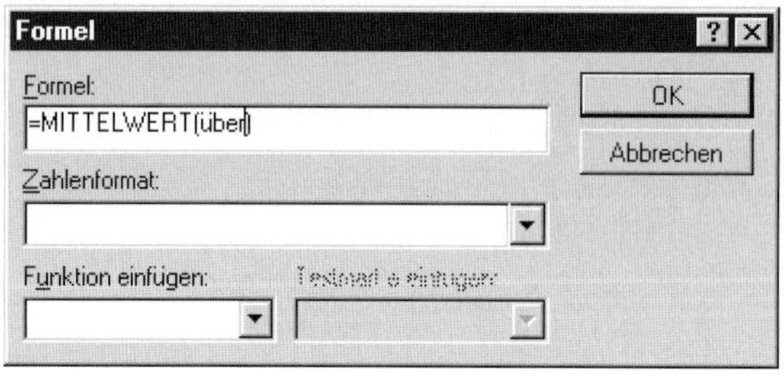

3. Klicken Sie dann auf *OK*.

➢ **Ergebnis:**

Word hat das arithmetische Mittel aller Zahlenwerte der Spalte gebildet.

Name	**Note**
Engelbrecht, Petra	4
Decker, Steffen	3
Paul, Angelika	2
Kaese, Jürgen	2
Durchschnitt	2,75

➢ Ziel:

Sie können in Tabellen mit *Prozentwerten* rechnen.

➢ Lösung:

Um in einer Zelle die Mehrwertsteuer eines Betrages auszurechnen, erstellen Sie zunächst eine Tabelle nach folgendem Muster:

Artikel	Preis	MwSt.
Monitor 15 Y	999,00 DM	
Monitor 17 Y	1389,00 DM	

1. Klicken Sie in die Zelle neben *999,00 DM.*
2. Wählen Sie den Befehl *Tabelle / Formel...*
3. Falls *Word* das Gleichheitszeichen im Dialogfeld *Formel* nicht anzeigen sollte, müssen Sie es selber eingeben. Geben Sie dann nach dem Gleichheitszeichen ein: *b2*0,15.*
4. Klicken Sie auf den Abwärtspfeil neben *Zahlenformat* und wählen das Format *DM.*

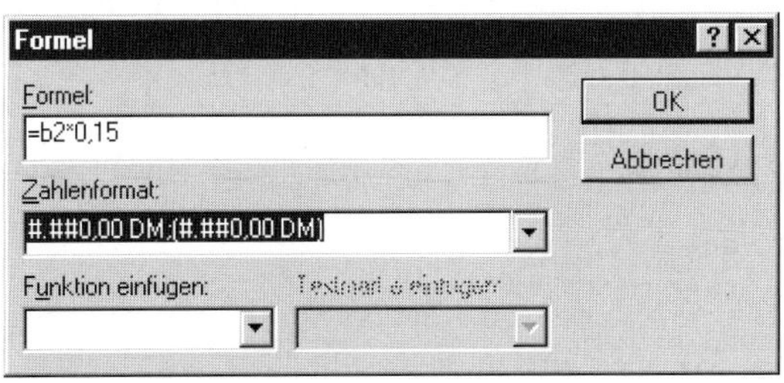

5. Klicken Sie dann auf *OK.*

➢ Ergebnis:

Word gibt den Betrag der Mehrwertsteuer in einem Feld aus:

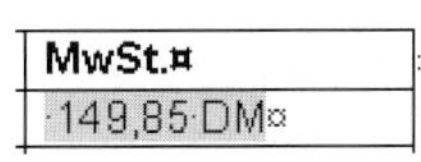

Notizen

4.11 Einfache Listen mit Tabstops erstellen

Wollen Sie einfache und kurze Informationen listenartig anordnen, müssen Sie nicht unbedingt die Tabellenfunktion verwenden - obwohl diese sehr leistungsfähig ist.

Manchmal genügen auch Tabulatoren. Das sind - wie bei der guten alten Schreibmaschine - feste Marken im Text, die durch drücken der <Tab>-Taste direkt „angesprungen“ werden. Solche Standardtabulatoren haben einen Abstand von 1,27 cm voneinander. Am unteren Rand des Lineals - welches Sie mit dem Befehl *Ansicht / Lineal* einschalten können - sehen Sie die Tabstops in Form von kleinen Strichmarkierungen.
Sie können aber auch selbst die Tabulatorposition bestimmen.

Öffnen Sie dazu ein neues leeres Dokument und erstellen Sie dann die unten abgebildete Übersicht.

➢ **Ziel:**

Sie können die folgende tabellarische Übersicht mit Tabstops erstellen.

Artikel-Nr.	**Artikel-Bezeichnung**	**Preis**	**Stück**
L510022	Lampe, antik	198,50	22
S33446678	Sessel, Lederimitat	333,30	6
SCH1133	Schreibtisch, Kiefer	498,00	120

➢ **Lösung:**

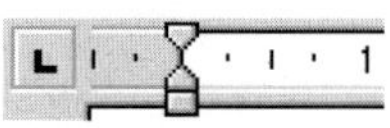
Prüfen Sie, ob links neben dem Lineal das Symbol für einen linksbündigen Tabstop angezeigt wird. Wenn nicht, klicken Sie so lange auf das Symbol, bis das richtige angezeigt wird. Und so geht's weiter:

1. Geben Sie linksbündig den Text *Artikel-Nr.* ein.

2. Klicken Sie im Lineal auf die Marke 3 cm. Drücken Sie die <Tab>-Taste und geben Sie dann *Artikel-Bezeichnung* ein.
   Durch das Drücken der <Tab>-Taste springt die Einfügemarke auf die nächste Position - in diesem Fall auf die Marke 3 cm. Im Text wird das Symbol → angezeigt.

3. Klicken Sie so lange auf das Symbol, bis das Symbol für einen dezimal Tabstop angezeigt wird.

4. Klicken Sie auf die Marke 9 cm. Drücken Sie die <Tab>-Taste und geben Sie dann *Preis* ein.

5. Klicken Sie so lange auf das Symbol, bis das Symbol für einen rechtsbündigen Tabstop angezeigt wird.

6. Klicken Sie auf die Marke 11 cm. Drücken Sie die <Tab>-Taste und geben Sie dann *Stück* ein.

7. Drücken Sie die <Enter>-Taste. Damit schalten Sie in eine neue Zeile um. Die zuvor gesetzten Tabstops werden auch in die neue Zeile übertragen.

8. Geben Sie die erste Artikel-Nr. *L510022* ein und drücken Sie die <Tab>-Taste. Die Einfügemarke „springt" unter die Überschrift *Artikel-Bezeichnung.* Geben Sie den Text ein.

9. Wählen Sie das Menü *Format / Tabulator...*
   Im Dialogfeld klicken Sie im linken Bereich auf die *Tabstop-Position* 9 cm. Im Bereich *Füllzeichen* klicken Sie auf die Option *2.*
   Schließen Sie das Dialogfeld mit einem Klick auf die Schaltfläche *OK.*

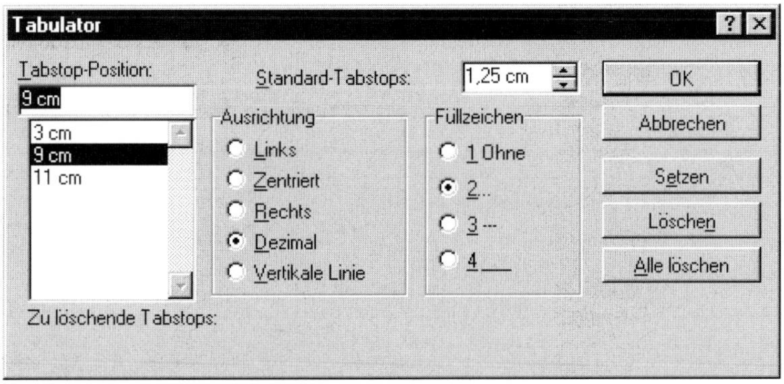

10. Drücken Sie die <Tab>-Taste. Die Einfügemarke steht jetzt unter der Überschrift *Preis* bzw. auf der Marke 9 cm. Zwischen den Marken wurden nun Füllzeichen in Form von Punkten eingefügt.
    Geben Sie den nächsten Text ein und drücken Sie wieder die <Tab>-Taste.

11. Geben Sie unter der Überschrift *Stück* die Stückzahl ein und drücken Sie die <Enter>-Taste. Sie bewegen damit die Einfügemarke in eine neue Zeile.

12. Füllen Sie die übrigen Zeilen der Tabelle aus, indem Sie mit der <Tab>-Taste von einer Überschrift zur nächsten „springen". Am Ende einer Zeile drücken Sie immer die <Enter>-Taste.

Notizen

➢ **Ziel:**

Sie können gesetzte Tabulatoren verschieben.

➢ **Lösung:**

Markieren Sie alle Zeilen, in denen ein Tabstop geändert werden soll. Bewegen Sie dann den Mauszeiger in das Lineal auf die Tabstop-Marke, z.B. auf die Marke 9 cm. Ziehen Sie dann das Symbol für den Tabstop mit gedrückter linker Maustaste auf die neue Position, z.B. auf die Marke 8 cm. Lassen Sie dann die Maustaste los.

➢ **Ergebnis:**

Die Texte unterhalb des Tabstops wurden verschoben. Alle anderen Tabstops und die darunter stehenden Texte bleiben an ihrer jeweiligen Position.

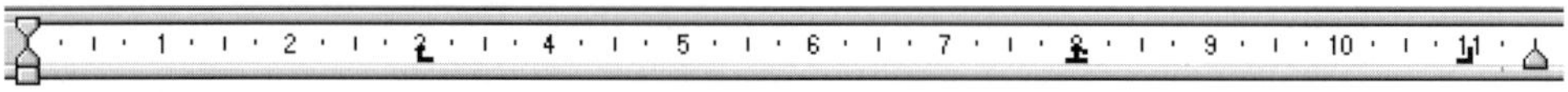

Artikel-Nr.	**Artikel-Bezeichnung**	**Preis**	**Stück**
L510022	Lampe, antik	198,50	22
S33446678	Sessel, Lederimitat	333,30	6
SCH1133	Schreibtisch, Kiefer	498,00	120

➢ **Hinweis:**

Möchten Sie nur einzelne Spalten der tabellarischen Liste verschieben, müssen Sie nicht unbedingt alle Zeilen markieren.
Um z.B. nur die Spalte *Preis* zu markieren, gehen Sie so vor:

1. Klicken Sie unmittelbar links neben das Wort *Preis*.
2. Halten Sie die <Alt>-Taste gedrückt und ziehen Sie mit gedrückter linker Maustaste eine Markierung über die Preis-Spalte auf.

➢ **Ziel:**

Sie können Tabstops aus dem Lineal löschen.

➢ **Lösung:**

Bewegen Sie den Mauszeiger in das Lineal auf eine Tabstop-Marke. Ziehen Sie das Tabstopsymbol mit gedrückter linker Maustaste nach unten in den Text und lassen Sie dann die Maustaste los.

➢ **Ergebnis:**

Der Tabstop wurde gelöscht und der Text rückt zusammen.

5 Alles Ansichtssache

Für das schnelle Arbeiten gibt es die *Normalansicht* und für das genaue Arbeiten die *Layoutansicht.*
Seite 82

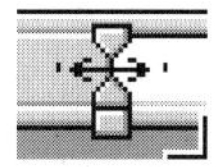

Wenn es nicht so richtig passt, verändern Sie die Seitenränder einfach mit der Maus.
Seite 83

Bevor Sie Drucken: Sehen Sie sich das Dokument in der Seitenansicht an.
Seite 85

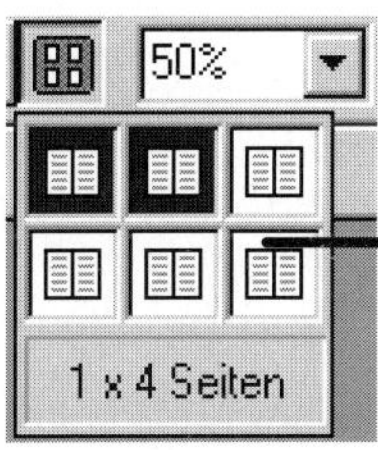

Sehen Sie sich mehrere Seiten des Doikuments gleichzeitig an.
Seite 86

Ganz ohne Brille - Vergrößern Sie die Textansicht.
Seite 86

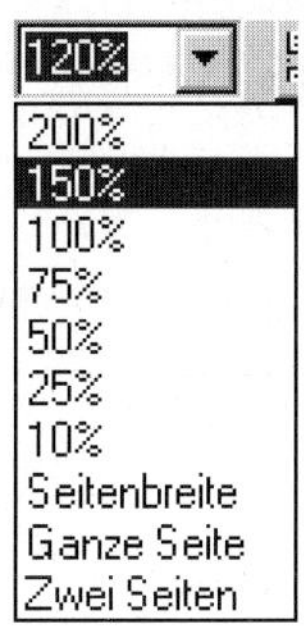

5 Alles Ansichtssache

Für das schnelle Arbeiten können Sie Ihre Texte in der *Normalansicht* betrachten. Für das genaue Arbeiten gibt es die *Layoutansicht.* Um Texte vor dem Ausdruck zu überprüfen, können Sie sich die *Seitenansicht* anzeigen lassen. Und außerdem können Sie die Schreibfläche mit Hilfe des *Zoom*-Befehls an Ihre Bedürfnisse (z.B. bei kleinen Monitoren) anpassen.

5.1 Die Normal- und Layoutansicht

➢ **Ziel:**

Sie können zwischen den verschiedenen Ansichten Ihres Textes umschalten und kennen die Besonderheiten der jeweiligen Ansichtsart.

➢ **Lösung zum Anzeigen der Normalansicht:**

Klicken Sie links unten neben der horizontalen Bildlaufleiste auf das Symbol *Normalansicht*.

➢ **Ergebnis:**

Word zeigt Ihnen den Text **nicht** so an, wie er gedruckt aussehen würde. D.h., Formatierungen und andere Elemente des Textes erscheinen anders als im späteren Ausdruck. Haben Sie z.B. die Tabelle in Ihrem Mustertext mit einem Positionsrahmen verschoben, steht der Rahmen jetzt an anderer Stelle.

➢ **Hinweis:**

Obwohl die Elemente anders angezeigt werden, sind Sie jedoch beim Ausdruck so zu sehen, wie Sie auch erstellt wurden.
Die Normalansicht eignet sich zum schnellen und flüssigen Texterfassen und Korrigieren. Auf Feinheiten kommt es hier nicht an. Auch der Bildlauf des Textes geht in dieser Ansicht schnell.

➢ **Lösung zum Anzeigen der Layoutansicht:**

Klicken Sie links unten neben der horizontalen Bildlaufleiste auf das Symbol *Layoutansicht.*

➢ Ergebnis:

Word zeigt Ihnen den Text so an, wie er gedruckt aussehen würde. D.h., Formatierungen und andere Elemente des Textes erscheinen so wie im späteren Ausdruck.

➢ Hinweise:

Die Layoutansicht kommt dem Druckergebnis am nächsten. In dieser Ansicht sollten Sie immer dann arbeiten, wenn Sie einen schnellen Rechner (ab 486 DX-66 / > 8 MB-RAM) haben und das Dokument ständig so sehen möchten, wie es gedruckt aussieht.

In der Layoutansicht wird zusätzlich zum horizontalen Lineal auch ein vertikales Lineal angezeigt. Es dient der besseren Orientierung im Text und kann zum Verstellen der Seitenränder genutzt werden.

5.2 Die Seitenränder in der Layoutansicht verstellen

Wie Sie die Seitenränder mit dem Menü Datei / *Seite einrichten...* einstellen können, haben Sie ja schon im Kapitel 3.1 kennengelernt.
In diesem Abschnitt erfahren Sie, wie Sie die Ränder mit der Maus einstellen können.

➢ Ziel:

Sie können alle Seitenränder eines Dokuments mit der Maus einstellen.

➢ Lösung:

1. Klicken Sie links unten neben der horizontalen Bildlaufleiste auf das Symbol *Layoutansicht*.

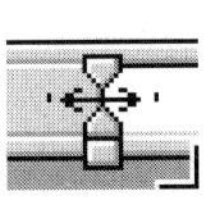

2. Um den linken Seitenrand einzustellen, bewegen Sie den Mauszeiger links oben in das horizontale Lineal. Genau auf der Trennstelle zwischen dem grauen und dem weißen Bereich des Lineals ändert sich der Mauszeiger in einen Doppelpfeil.
3. Ziehen Sie dann mit gedrückter linker Maustaste den Randbereich nach rechts, um diesen zu vergrößern. Während Sie dieses tun, wird zur Orientierung eine senkrechte Strichlinie angezeigt.
4. Um den Rand zu verkleinern, ziehen Sie die Maus entsprechend nach links.
5. Um den rechten Rand zu vergrößern oder zu verkleinern, gehen Sie am rechten Ende des Lineals genauso vor.
   Eventuell müssen Sie einen horizontalen Bildlauf vornehmen, um das rechte Linealende zu sehen.

6. 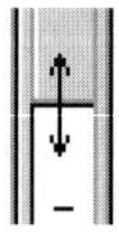 Um den oberen Seitenrand zu vergrößern oder zu verkleinern, gehen Sie ähnlich vor. Sie müssen nur den Mauszeiger auf der Trennstelle zwischen dem grauen und dem weißen Bereich des senkrechten Lineals platzieren und dann wieder mit gedrückter Maustaste ziehen.

7. Um den unteren Seitenrand zu vergrößern oder zu verkleinern, gehen Sie am unteren Ende des senkrechten Lineals genauso vor.
   Eventuell müssen Sie einen vertikalen Bildlauf vornehmen, um das untere Linealende zu sehen.

➢ **Ergebnis:**

Die Seitenränder werden entsprechend verschoben. Bei einer Verkleinerung der Seitenränder wird automatisch ein Zeilenumbruch bzw. ein Seitenumbruch durchgeführt, wenn der vorhandene Text nicht mehr zwischen die Ränder passt.

➢ **Hinweise:**

Halten Sie beim Verschieben der Seitenränder die <Alt>-Taste gedrückt, werden Ihnen die Maße der Seitenränder in cm direkt in das Lineal eingeblendet.

Die Befehle zum Umschalten zwischen der Normal- und Layoutansicht können Sie auch über das Menü *Ansicht* auswählen.

Notizen

5.3 Die Seitenansicht als Druckvorschau

Um den Textfluss auf den Seiten zu kontrollieren und eventuell einen Seitenumbruch zu beeinflussen, können Sie in die *Seitenansicht* umschalten. Über die entsprechenden Symbole und Menüs können Sie dann Formatierungen vornehmen, Seitenränder ändern oder auch drucken.

➢ Ziel:

Sie können die Seitenansicht einschalten und darin arbeiten.

➢ Lösung:

 Klicken Sie in der Symbolleiste auf *Seitenansicht*. Die ganze Seite erscheint jetzt verkleinert.

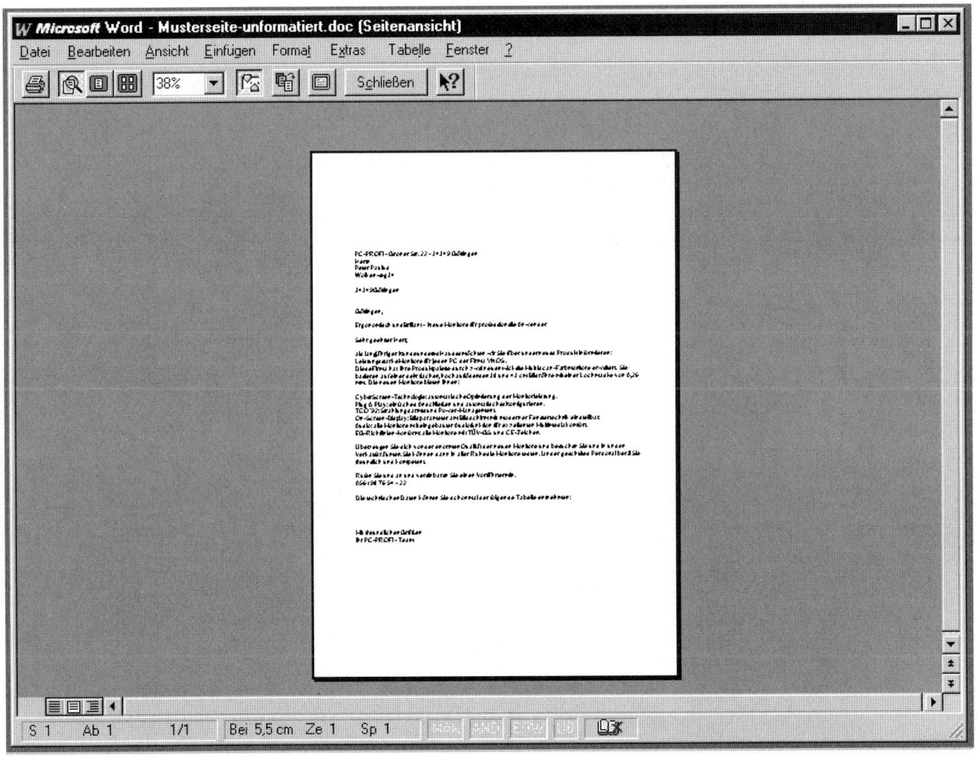

Der Mauszeiger hat die Form einer Lupe. Klicken Sie damit auf die Stelle im Dokument, die Sie vergrößert sehen möchten. Die Seitenansicht wird dann um diese Stelle vergrößert angezeigt. Klicken Sie noch einmal in die Ansicht, wird wieder die gesamte Seite angezeigt.

Die Seitenränder können Sie in der Seitenansicht genauso verändern, wie in der Layoutansicht.

Fehlerhafte Änderungen können Sie mit dem Menü *Bearbeiten / Rückgängig* wieder zurücknehmen.

Hat Ihr Dokument mehrere Seiten, können Sie diese alle auf einmal sehen. Klicken Sie dazu auf das Symbol *Mehrere Seiten*. In dem geöffneten Fenster können Sie dann mit gedrückter linker Maustaste die Anzahl der gleichzeitig sichtbaren Seiten und deren Anordnung festlegen.

Lassen Sie die Maustaste dann los und die Seitenansicht ändert sich entsprechend.

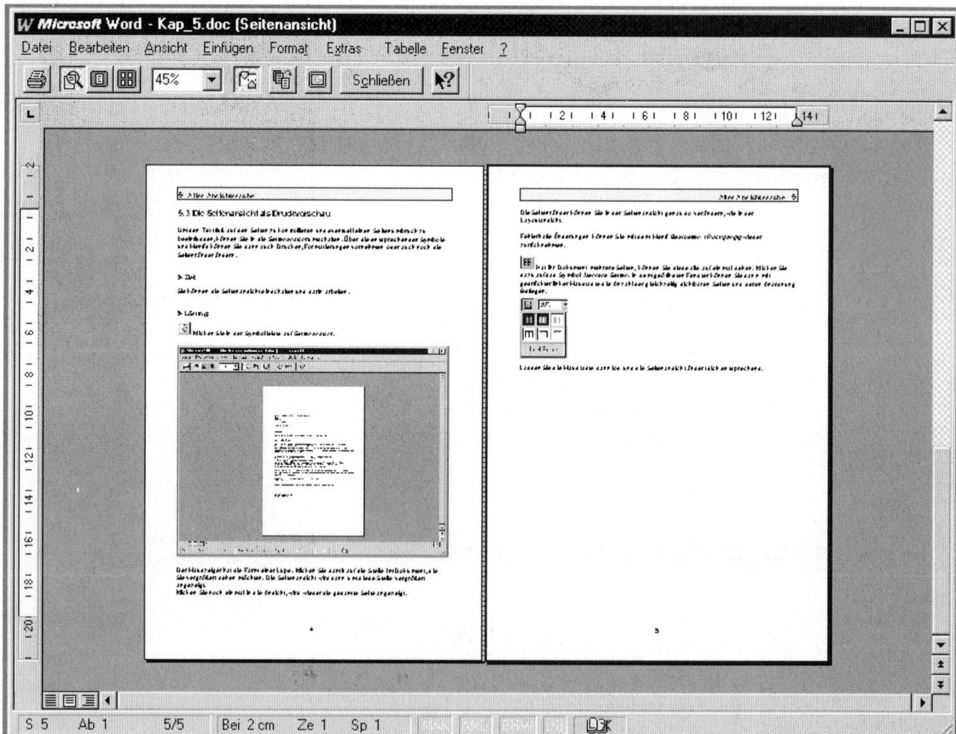

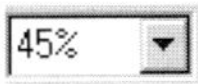

Die Größe der Darstellung ändern Sie direkt im *Zoom*-Menü. Entweder Sie klicken auf den Abwärtspfeil und wählen aus der Liste einen Zoom-Faktor oder Sie klicken auf die Zahl im Anzeigefeld und geben die gewünschte Zahl über die Tastatur ein.

Um wieder nur eine Seite anzuzeigen, klicken Sie auf das Symbol *Eine Seite.*

. Möchten Sie in der Seitenansicht arbeiten um z.B. mit <Strg> + <Enter> einen Seitenumbruch durchzuführen, müssen Sie zuerst auf das Symbol *Lupe* klicken. Anschließend wird die Einfügemarke angezeigt, die Sie beliebig im Dokument platzieren können. Über die Menüs stehen Ihnen dann alle Funktionen zur Verfügung.

5.4 Brille überflüssig - Zoom in allen Ansichten

In allen Ansichtsarten haben Sie immer die Möglichkeit, die Größe der Schreibfläche an Ihre Bedürfnisse anzupassen. Dieses ist sogar immer dann notwendig, wenn Sie an einem besonders kleinen oder großen Monitor arbeiten. Je nach Bildschirmauflösung wird die Schrift entweder zu klein oder zu groß angezeigt. Doch das können Sie ändern.

➢ **Ziel:**

Sie können die gewünschte Zoom-Größe einstellen.

➢ **Lösung:**

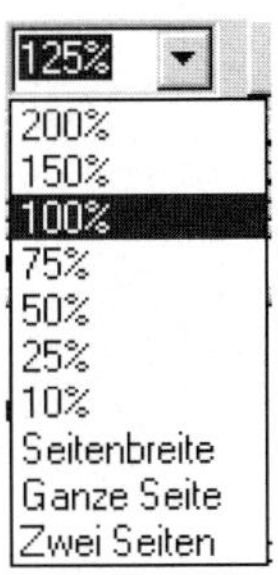

Klicken Sie in der Symbolleiste auf den Abwärtspfeil des *Zoom*-Feldes.

Wählen Sie aus der Liste einen der angezeigten Prozentsätze aus. Sie können z.B. auch auswählen, dass die *Ganze Seite* oder die *Seitenbreite* angezeigt wird. Die Option *Seitenbreite* ist immer dann sinnvoll, wenn Sie den linken und rechten Schreibrand gleichzeitig sehen möchten.

➢ **Ergebnis:**

Word vergrößert oder verkleinert sofort die Textansicht.

➢ **Hinweis:**

Sie können auch direkt auf den Prozentwert im Zoom-Feld klicken und über die Tastatur eine beliebige Zahl zwischen 10 und 200 eingeben. Dabei brauchen Sie das %-Zeichen aber nicht mit eingeben.

6 Spezialitäten - Kopfzeilen, Grafiken und anderen Specials

So erstellen Sie Kopf- und Fußzeilen mit Seitenzahl, Datum und Uhrzeit.
Seite 91

Schrifteffekte sind ganz einfach.
Seite 93

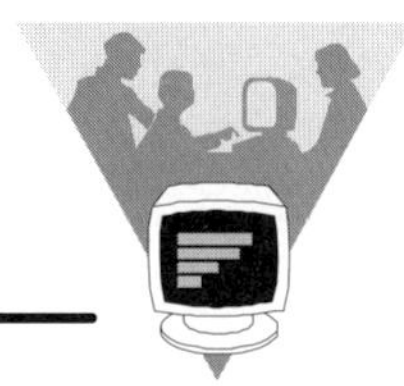

In der Bildergalerie von *Word* finden Sie jede Menge Grafiken.
Seite 97

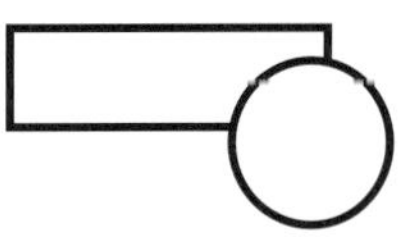

Wie Sie mit *Word* zeichnen, erfahren Sie ab
Seite 100

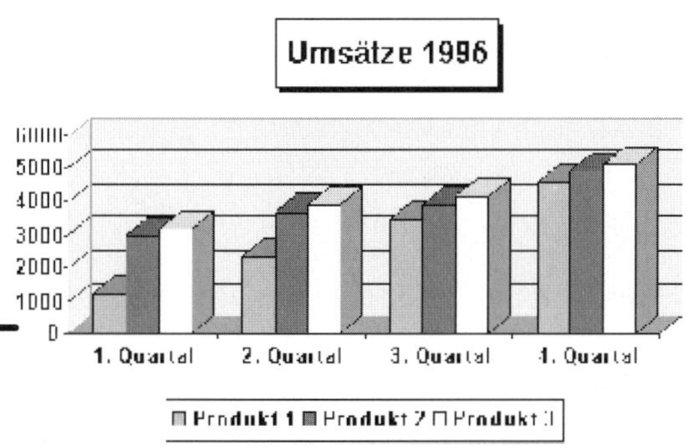

Aus einer *Word*-Tabelle mit Zahlen entsteht mit wenigen Mausklicks ein tolles Diagramm.
Seite 105

6 Spezialitäten - Von Kopfzeilen, Grafiken und anderen Specials

Spezialitäten - darunter fallen alle Funktionen, die jenseits der normalen Texterfassung liegen: z.B. die Kopf- und Fußzeilen, das Erzeugen von Texteffekten, das Einfügen und Erstellen von Grafiken, u.a.m. Einige dieser „Specials“ werden in diesem Kapitel vorgestellt.

6.1 Arbeiten mit Kopf- und Fußzeilen

Eine Kopf- oder Fußzeile ist ein Bereich, dessen Inhalt - egal ob Text oder Grafik - auf jeder Seite wiederholt wird. Das kann z.B. eine Überschrift sein, eine Datumsangabe oder auch die Seitenzahl, z.B. in diesem Buch.
Die Kopfzeile steht über dem eigentlichen Haupttext, aber immer innerhalb des oberen Seitenrandes des Dokuments. Der Abstand zur Papierkante wird in einem Dialogfeld fest eingestellt. Eine Fußzeile steht immer unter dem eigentlichen Haupttext, aber innerhalb des unteren Seitenrandes. Auch hier ist der Abstand zur Papierkante fest einstellbar.

Die Kopf-/Fußzeile kann - entgegen der Bezeichnung - auch aus mehreren Zeilen bestehen.

Es soll im Folgenden eine Kopfzeile für den Mustertext erstellt werden. Sollte der Mustertext noch nicht am Bildschirm angezeigt werden, öffnen Sie ihn mit dem Befehl *Datei / Öffnen...* Gespeichert haben Sie den Text ja schon in einem der vorangegangenen Kapitel.

➢ **Ziel:**

Sie können die Maße für Kopf- und/oder Fußzeilen einstellen.

➢ **Lösung:**

1. Wählen Sie den Befehl *Datei / Seite einrichten...*
2. Klicken Sie auf die Registerkarte *Seitenränder.*
3. Die Abstände der Kopf- und Fußzeile legen Sie mit jeweils 1,25 cm fest. Sie können dazu auf die kleinen Abwärtspfeile klicken oder direkt in das Eingabefeld und dort die gewünschte Zahl über die Tastatur eingeben.
4. Für weitere Informationen über die Eingabefelder klicken Sie mit der rechten Maustaste auf ein Feld.

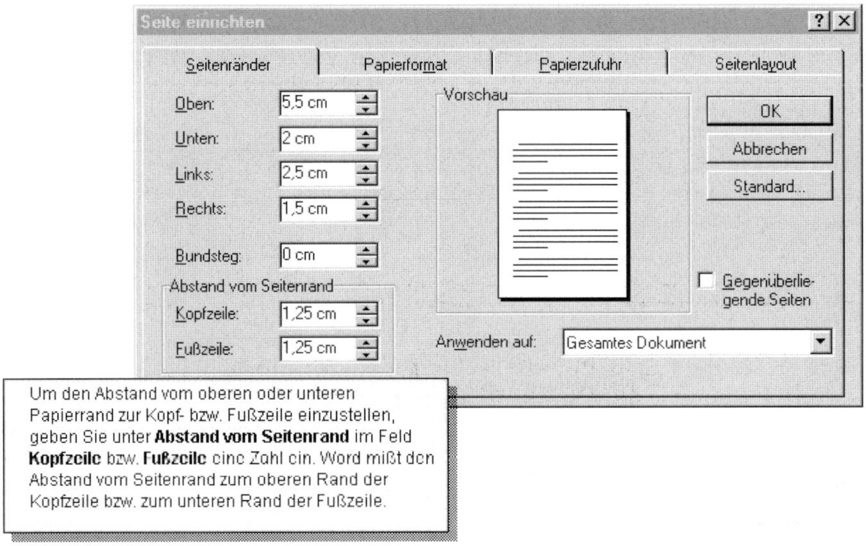

5. Klicken Sie dann auf die Schaltfläche *OK.*

➢ Ziel:

Sie können zwischen Kopf- und Fußzeilen umschalten und lernen die Möglichkeiten kennen, Informationen darin darzustellen.

➢ Lösung:

1. Wählen Sie den Befehl *Ansicht / Kopf- und Fußzeile.* Sollten Sie gerade nicht in der Layoutansicht arbeiten, schaltet *Word* automatisch in diese Ansicht um. Nur in dieser Ansicht können Sie Informationen für die Kopf- oder Fußzeile eingeben oder bearbeiten.

2. *Word* blendet Ihnen einen gestrichelten Bereich für die Kopfzeile und eine Symbolleiste ein.

3. Die Bedeutung der Symbole erhalten Sie, wenn Sie den Mauszeiger ruhig auf ein Symbol setzen, ohne jedoch eine Maustaste zu drücken.

4.  Wenn Sie Text in der Fußzeile eingeben wollen, klicken Sie auf das Symbol *Zwischen Kopf- und Fußzeile wechseln.*

5.  Um *Seitenzahl, Datum* und/oder *Uhrzeit* einzufügen, klicken Sie auf eines der drei Symbole.

6. Klicken Sie auf die Schaltfläche *Schließen,* um zur normalen Textansicht zurückzukehren.

➢ **Hinweise:**

1. In einer Kopf- oder Fußzeile können Texte, Grafiken, Zeichnungen und viele andere Informationen aufgenommen werden. Sie werden dann - bei einem mehrseitigen Dokument - auf jeder Seite wiederholt.

2. Texte können genauso formatiert werden wie normale Texte im übrigen Dokument auch. Das folgende Beispiel zeigt eine typische Kopfzeile, die Sie mal in einem neuen und leeren Dokument erstellen können:

3. Wenn Sie nach der linksbündigen Eingabe *Besprechung der Mitarbeiter* die <Tab>-Taste drücken, springt die Einfügemarke automatisch in die Mitte der Kopfzeile. Geben Sie hier Text ein, wird dieser zentriert ausgerichtet.
Drücken Sie dann noch einmal die <Tab>-Taste, springt die Einfügemarke automatisch an den rechten Schreibrand. Geben Sie hier Text ein, wird dieser rechtsbündig ausgerichtet.

4. Bevor Sie auf das Symbol *Seitenzahl* klicken, geben Sie zuerst das Wort *Seite* ein. Die Seitenzahl wird - wie auch das Datum - automatisch aktualisiert.

5. Die Höhe der Kopf- oder Fußzeile wird durch jedes Drücken der <Enter>-Taste vergrößert. Entsprechend bewirkt ein Löschen der Absatzmarke eine Verkleinerung der Höhe.

6. Die Symbolleiste *Kopf- und Fußzeile* können Sie frei auf dem Bildschirm verschieben. Bewegen Sie dazu den Mauszeiger in die blaue Titelzeile und ziehen Sie die Symbolleiste mit gedrückter linker Maustaste auf eine andere Stelle.

7. Die Eingaben für eine Fußzeile erfolgen genauso wie hier für die Kopfzeile beschrieben.

8.  Um zu prüfen wie die Kopf- oder Fußzeile auf dem Dokument wirkt, klicken Sie auf das Symbol *Seitenansicht.*

9. Haben Sie die Symbolleiste *Kopf- und Fußzeile* geschlossen (ausgeblendet), erscheint der Inhalt der Kopf- oder Fußzeile in der *Layoutansicht* grau dargestellt. In der *Normalansicht* werden keine Kopf- oder Fußzeilen angezeigt.

Notizen

6.2 Das fällt auf - Schrifteffekte mit WordArt

Mit dem Programm *WordArt* können Sie aus ganz normalem Text ein grafisches Textobjekt machen. Sie können einen solchen Text spiegeln, drehen, verzerren u.a.m. Dadurch erzielen Sie einen Blickfang und somit Aufmerksamkeit beim Lesen eines Dokuments.

In dem Mustertext steht in der Kopfzeile ein solcher „aufgepeppter" Text, der im Folgenden erzeugt werden soll.

➢ **Ziel:**

Sie können *WordArt* starten und einen besonderen Schrifteffekt erzeugen.

➢ **Lösung:**

1. Wählen Sie den Befehl *Ansicht / Kopf- und Fußzeile,* um in die Kopfzeile umzuschalten. Schieben Sie die Symbolleiste zur Seite, wenn sie stören sollte.

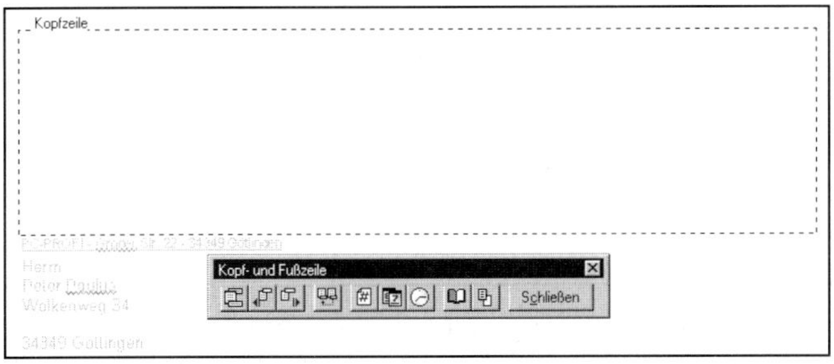

2. Klicken Sie mit der Einfügemarke in die linke obere Ecke der Kopfzeile.
3. Wählen Sie den Befehl *Einfügen / Objekt...,* klicken Sie in der Liste *Objekttyp* auf *Microsoft WordArt 2.0* und zum Schluss auf die Schaltfläche *OK.*

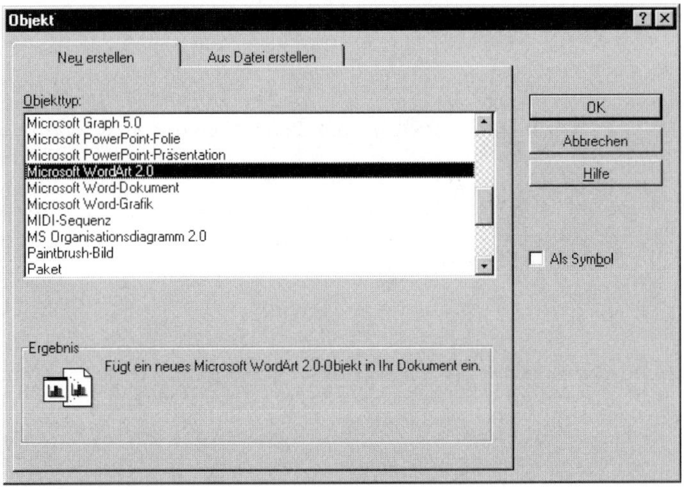

4. Geben Sie den Text „PC-Profi“ in das kleine Dialogfeld ein. Der vorgegebene Beispieltext wird dabei automatisch überschrieben.
   Klicken Sie dann auf die Schaltfläche *Ansicht aktualisieren,* damit der Text in der Kopfzeile erscheint.

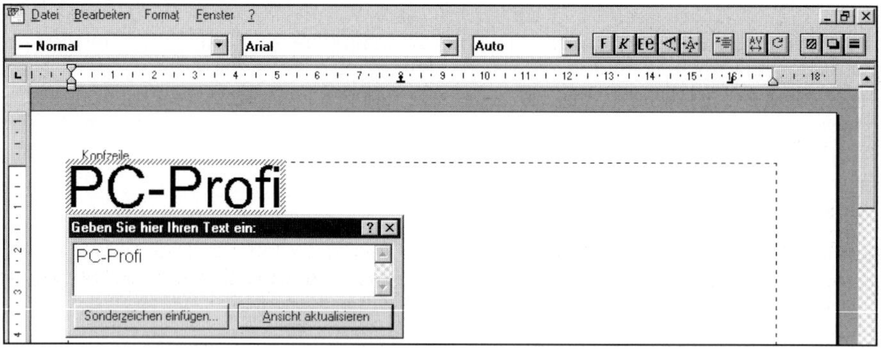

5. Klicken Sie links oben in der Symbolleiste auf den Abwärtspfeil neben dem Eintrag *Normal*. In der Palette mit den möglichen Textformen wählen Sie *Welle 2*.

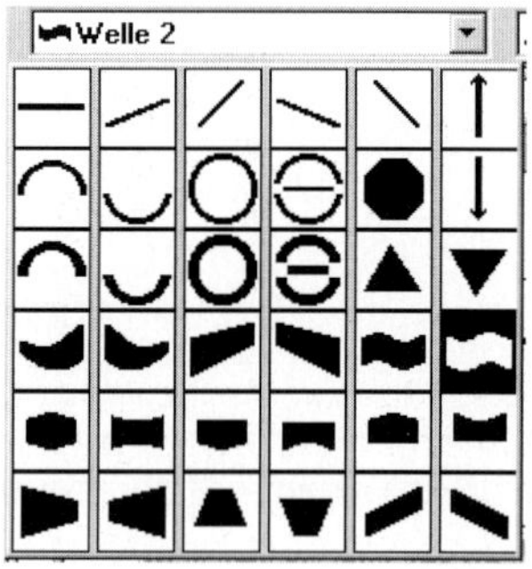

6. Klicken Sie rechts oben in der Symbolleiste auf *Fett*  und auf das Symbol *A* 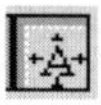 mit den Pfeilen, um den Text zu strecken.

7. Klicken Sie in eine freie Stelle Ihres Textdokuments, damit *WordArt* beendet wird.

➢ **Ergebnis:**

Sie haben ein grafisches Textobjekt mit einem Hilfsprogramm erzeugt. Das Textobjekt steht in der Kopfzeile in einem rechteckigen Rahmen.

➢ **Ziel:**

Sie können die Größe des Textobjekts verändern.

➢ **Lösung:**

1. Wenn der Rahmen mit dem Textobjekt keine schwarzen Eckpunkte zeigt, klicken Sie zunächst das Textobjekt einmal mit der linken Maustaste an. Die schwarzen Eckpunkte werden dann angezeigt, d.h. das Textobjekt ist zur Bearbeitung markiert.

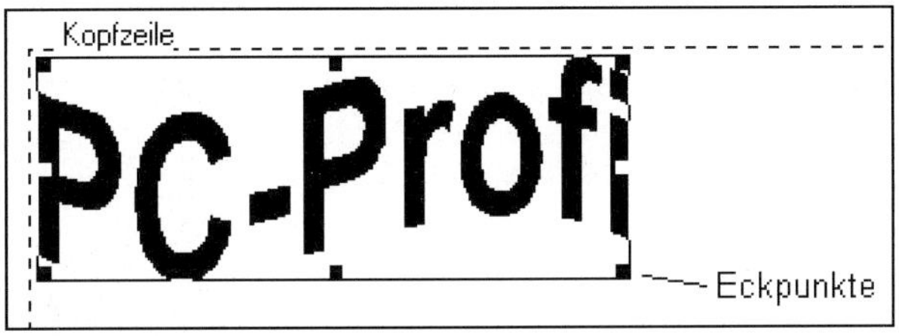

2. Setzen Sie den Mauszeiger z.B. auf den rechten unteren Eckpunkt. Auf dem Eckpunkt wird dann ein Doppelpfeil angezeigt. Ziehen Sie nun mit gedrückter linker Maustaste den Rahmen des Textobjektes größer auf.
   Um z.B. nur die Höhe des Textobjektes zu vergrößern, ziehen Sie den Punkt auf der unteren Rechtecklinie nach unten.
   Damit das Textobjekt nicht zu groß wird, können Sie sich am Lineal orientieren.

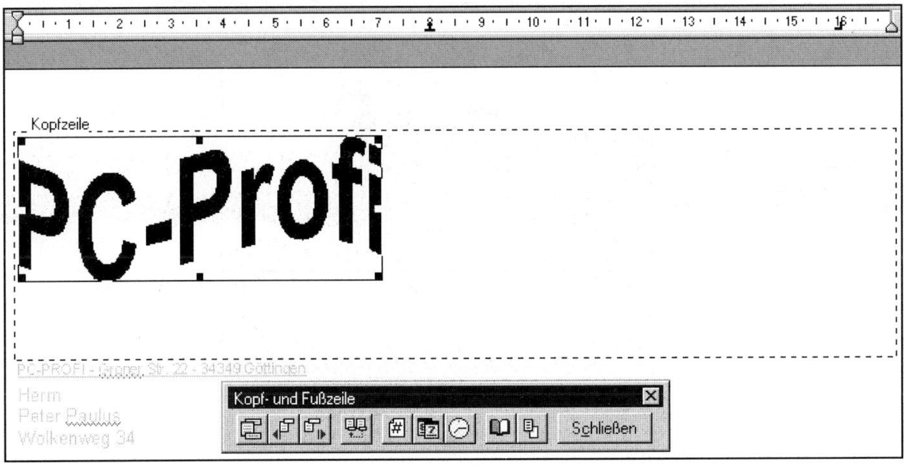

➢ **Ziel:**

Sie können ein Textobjekt nachträglich bearbeiten.

➢ **Lösung:**

Klicken Sie doppelt auf das Textobjekt. Anschließend wird automatisch das Programm gestartet, mit dem das Objekt erstellt wurde, also *WordArt.*
Alle Menüs und Symbole von *WordArt* stehen jetzt zum Ändern zur Verfügung.

➢ **Hinweis:**

Das Programm *WordArt* lädt zum Experimentieren ein. Nehmen Sie sich etwas Zeit und probieren Sie die verschiedenen Möglichkeiten aus. Neben verschiedenen Textformen gibt es Effekte z.B. für Schattenwurf oder Textmuster. Hier einige Anregungen zum Nachahmen:

Ein Text in Stempelform

Ein gedrehter Text

Eine Textform mit Schattenwurf

6.3 Die Bildergalerie - Grafiken aus Word einfügen

In Katalogen, Heften, Büchern, Werbebroschüren u.a.m. finden Sie Grafiken bzw. Zeichnungen, die den Text erst für den Betrachter interessant machen. Ohne solche grafische Elemente würden manche Drucksachen noch eher im Papierkorb landen. Als *Word*-Anwender können Sie Ihre Dokumente ebenfalls mit Grafiken ergänzen, von denen bereits eine ganze Menge bei der Installation des Programms auf Ihre Festplatte „gewandert" sind.
Solche Grafiken werden im Computerjargon auch als *ClipArts* bezeichnet.

➢ Ziel:

Sie können eine *ClipArt* in Ihr Dokument einfügen.

➢ Lösung:

1. Wählen Sie den Befehl *Ansicht / Kopf- und Fußzeile.*
2. Klicken Sie in der Kopfzeile Ihres Mustertextes neben das *WordArt*-Textobjekt und drücken Sie mehrmals die <Leer>-Taste. Wählen Sie dann den Befehl *Einfügen / Grafik...*
3. Im Dialogfeld rollen Sie durch die Namensliste mit der Bildlaufleiste und suchen die Datei mit dem Namen *Computer*. Klicken Sie dann auf diesen Namen.
   Sollten keine Namen angezeigt werden, klicken Sie auf den Abwärtspfeil neben dem Feld *Suchen in:* und stellen das Verzeichnis \MSOffice*Clipart*\ ein.

4. Rechts oben im Dialogfeld können Sie mit einem Klick auf die Schaltfläche *Vorschau*  die Grafik erst einmal betrachten, ohne dass Sie gleich in das Dokument eingefügt wird.
5. Klicken Sie auf die Schaltfläche *OK,* um die Grafik *Computer* einzufügen.

➢ **Ergebnis:**

Neben dem *WordArt*-Text wird die Grafik angezeigt.

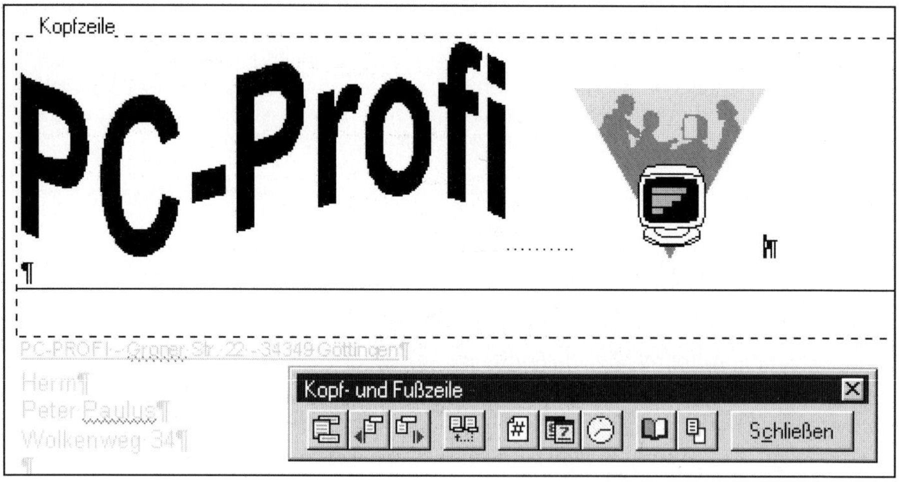

➢ **Ziel:**

Sie können die Größe der Grafik verändern.

➢ **Lösung:**

1. Klicken Sie einmal mit der linken Maustaste auf die Grafik.
2. Setzten Sie den Mauszeiger auf den rechten oberen Eckpunkt.
3. Ziehen Sie den Eckpunkt mit gedrückter linker Maustaste diagonal nach rechts oben, also in Richtung des oberen Randes der Kopfzeile.
4. An der gewünschten Position lassen Sie die Maustaste los.

➢ **Ergebnis:**

Die Grafik wurde proportional vergrößert. Das bedeutet, dass das Verhältnis zwischen Breite und Höhe erhalten bleibt. Das ist immer dann der Fall, wenn Sie einen der vier Eckpunkte ziehen.

➢ **Ziel:**

Sie können die Grafik frei in Ihrem Dokument verschieben.

➢ **Lösung:**

1. Klicken Sie die Grafik einmal an.
2. Wählen Sie den Befehl *Einfügen / Positionsrahmen.*
3. Setzten Sie den Mauszeiger an den schraffierten Rand des Positionsrahmens und ziehen Sie ihn mit gedrückter linker Maustaste an die gewünschte Stelle.

➢ **Hinweise:**

Wenn Sie die Grafik einmal anklicken, werden neben den vier Eckpunkten auch „Anfasspunkte" in der Mitte einer jeden Seitenlinie sichtbar. Wenn Sie diese Punkte ziehen, wird die Grafik verzerrt. Das Verhältnis zwischen Breite und Höhe stimmt dann nicht mehr.

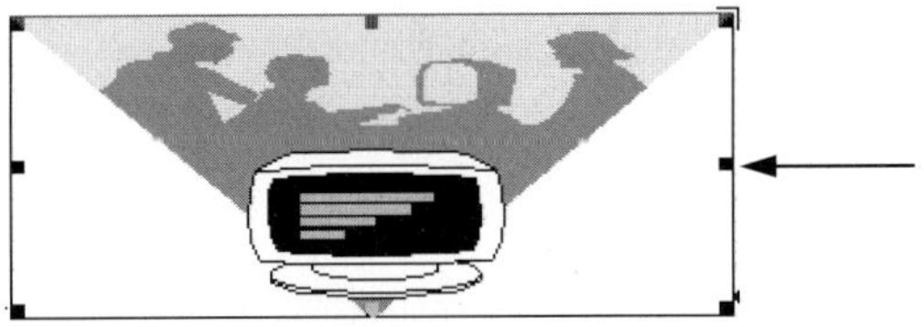

Ein Anfasspunkt zum Verzerren der Grafik

Sollte Ihnen das einmal passieren, können Sie aber die Originalmaße wieder herstellen. Halten Sie dazu die <Strg>-Taste gedrückt und klicken Sie doppelt auf die Grafik.

Notizen

6.4 Linie, Rechteck, Kreis & Co. - Zeichnen mit Word

Neben dem Einfügen von *WordArt*-Objekten und fertigen Grafiken können Sie Ihren Textdokumenten auch selber mit grafischen Objekten ein attraktives Aussehen verleihen.
Hierzu besitzt *Word* ein Zeichenprogramm, mit dem Sie Linien, Rechtecke, Kreise und andere Objekte zeichnen und natürlich auch ändern können.

➤ **Ziel:**

Sie können das Zeichenprogramm von *Word* starten und direkt im Dokument geometrische Objekte erstellen.

➤ **Lösung:**

1.  Öffnen Sie ein neues und leeres Dokument mit einem Klick auf das Symbol *Neu.*
2.  Klicken Sie in der oberen Symbolleiste auf das Symbol *Zeichnen.* Anschließend wird die *Zeichnen-Symbolleiste* eingeblendet, die frei auf dem Arbeitsblatt verschoben werden kann.
3. Um die Bedeutung der einzelnen Symbole kennenzulernen, setzten Sie den Mauszeiger auf ein Symbol, ohne jedoch eine Maustaste zu drücken. Nach einer kurzen Zeit wird eine gelbe Infobox eingeblendet.
4. 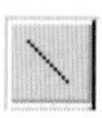 Klicken Sie auf das Symbol *Linie.*
5. Der Mauszeiger ändert sich in ein kleines Fadenkreuz. Bewegen Sie das Fadenkreuz an die Stelle des Dokuments, wo Sie den Anfangspunkt der Linie zeichnen möchten.
   Halten Sie die linke Maustaste gedrückt und ziehen Sie die Maus bis zum Endpunkt der Strecke.
6. Am Endpunkt lassen Sie die Maustaste los. Die Strecke wird dargestellt.

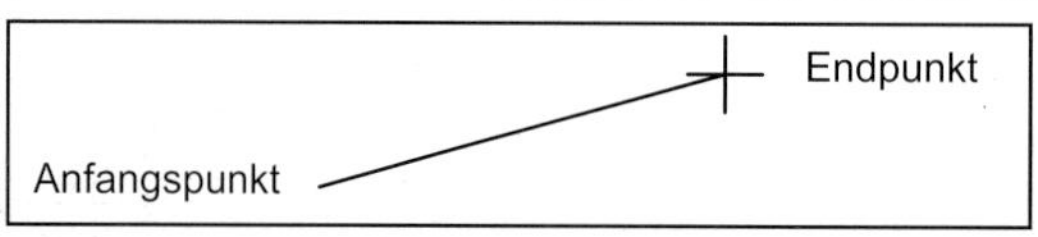

7. 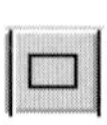 Klicken Sie auf das Symbol *Rechteck.*
   Halten Sie im Dokument die linke Maustaste gedrückt und ziehen Sie in diagonaler Richtung ein Rechteck auf. Am zweiten diagonalen Eckpunkt lassen Sie die Maustaste los.

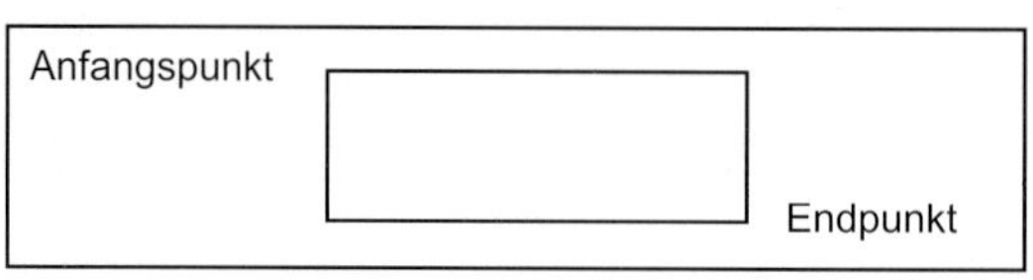

9.  Klicken Sie auf das Symbol *Ellipse,* um damit einen Kreis (!) zu zeichnen.
10. Halten Sie im Dokument die <Umschalt>-Taste gedrückt und ziehen Sie mit gedrückter linker Maustaste einen Kreis auf.
    Ohne gedrückter <Umschalt>-Taste zeichnen Sie Ellipsen.

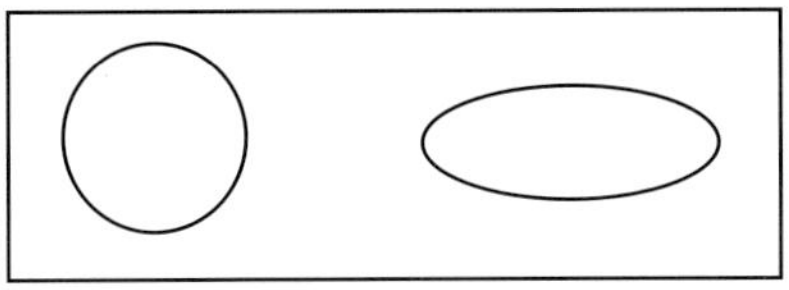

11.  Um Objekte farbig zu zeichnen, klicken Sie zuerst auf *Linienfarbe* und dann auf die gewünschte Zeichenfunktion.
12.  Um Objekte in einer bestimmten Linienart, z.B. gestrichelt, zu zeichnen, klicken Sie zuerst auf das Symbol *Linienart* und dann auf die gewünschte Zeichenfunktion.
13.  Möchten Sie z.B. ein ausgefülltes Rechteck zeichnen, klicken Sie zuerst auf das Symbol *Füllfarbe*, wählen aus der Farbpalette die gewünschte Farbe aus und klicken dann auf das Symbol *Rechteck.*

➢ **Ergebnis:**

Sie haben jetzt verschiedene Objekte in unterschiedlicher Größe, Farbe und Linienart gezeichnet.

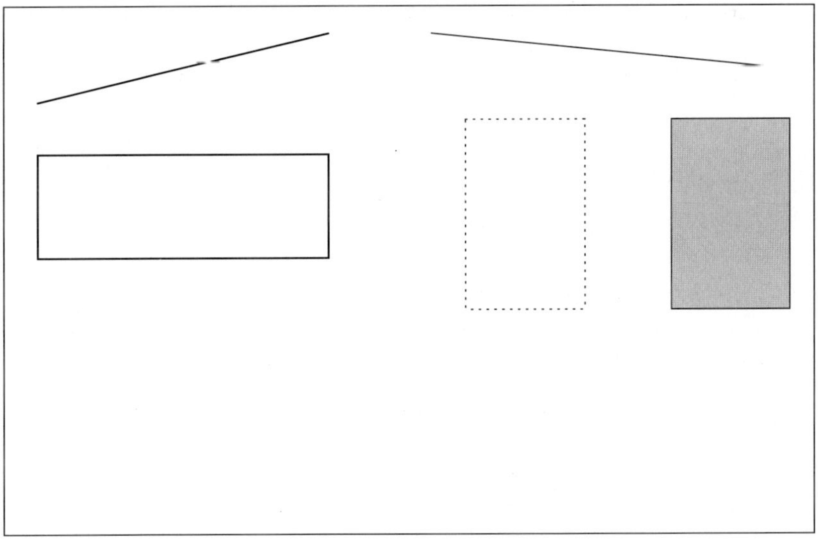

➢ Ziel:

Sie können Zeichnungsobjekte nachträglich bearbeiten. Darunter fällt das Verändern der Größe, das Verschieben, das Zuweisen einer anderen Farbe oder auch das Löschen.

➢ Lösung:

1. Klicken Sie auf ein Zeichnungsobjekt, z.B. auf ein Rechteck. Das Objekt zeigt daraufhin kleine schwarze „Anfasspunkte".
2. Bewegen Sie den Mauszeiger z.B. auf den rechten unteren Eckpunkt. Wenn Sie einen Doppelpfeil sehen, ziehen Sie den Eckpunkt mit gedrückter linker Maustaste an eine andere Stelle.
3. Hat das Objekt die gewünschte Größe, lassen Sie die Maustaste los.
4.  Möchten Sie wieder die Ursprungsgröße herstellen, klicken Sie in der oberen *Word*-Symbolleiste auf *Rückgängig.*
5. Klicken Sie ein Objekt mit der rechten Maustaste an, öffnet sich das Kontextmenü. Wählen Sie daraus den Eintrag *Zeichnungsobjekt formatieren.*
6. Über das Dialogfeld *Zeichnungsobjekt* können Sie dann vielfältige Änderungen für das markierte Objekt vornehmen.

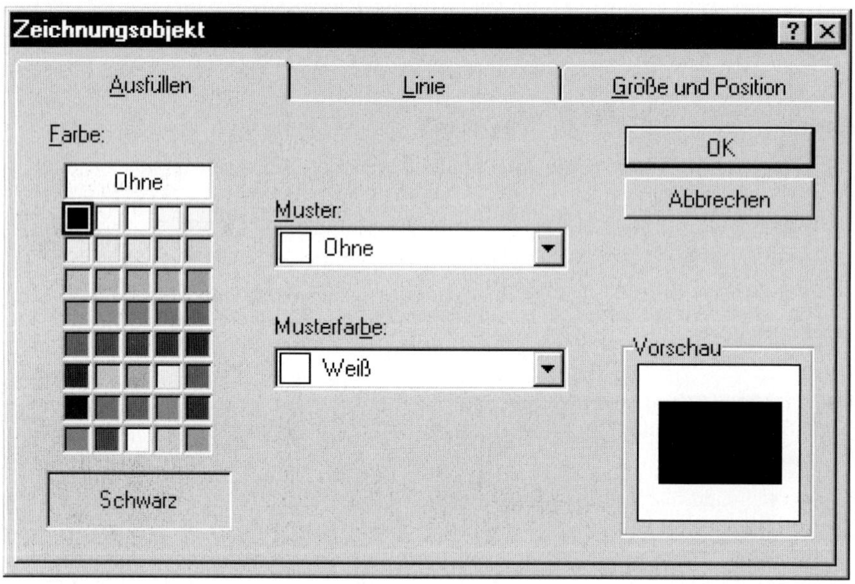

7. Um ein Objekt zu verschieben, klicken Sie es zuerst an, damit die Anfasspunkte zu sehen sind. Auf dem Objekt ändert sich der Mauszeiger in gekreuzte Doppelpfeile. Ziehen Sie dann das Objekt mit gedrückter linker Maustaste an die neue Position.
8. Um ein Objekt zu löschen, klicken Sie es an und drücken Sie die <Entf>-Taste.

➢ **Ziel:**

Sie können überdeckende Objekte erstellen und diese anschließend zu einer Gruppe zusammenfassen. Damit lassen sich mehrere Objekte z.B. gleichzeitig verschieben.

➢ **Lösung:**

1. Zeichnen Sie ein Rechteck in beliebiger Größe.
2. Klicken Sie es mit der rechten Maustaste an und wählen Sie aus dem Kontextmenü *Zeichnungsobjekt formatieren.*
3. In der Registerkarte *Größe und Position* stellen Sie eine Höhe von 2,5 cm und eine Breite von 6 cm ein.
4. Bewegen Sie den Mauszeiger z.B. auf die untere Rechtecklinie (nicht auf einen Anfasspunkt). Drücken Sie die <Strg>-Taste und erstellen Sie durch Ziehen mit gedrückter linker Maustaste eine Kopie des ersten Rechtecks. Dabei wird am Mauszeiger ein „Plus-Zeichen" angezeigt.
   Das zweite Rechteck soll versetzt zum ersten Rechteck stehen.

5. Klicken Sie mit der linken Maustaste das eben kopierte Rechteck an und wählen Sie aus der Zeichnen-Symbolleiste eine *Füllfarbe aus,* z.B. einen Grauton.
6. Klicken Sie das erste Rechteck an und weisen Sie ihm die Füllfarbe *weiß* zu.

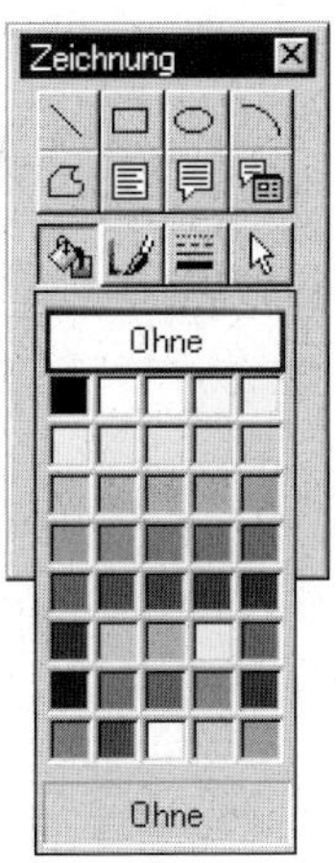

7. Klicken Sie das zweite Rechteck an.
   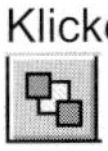 Klicken Sie dann in der Symbolleiste auf *In den Hintergrund.* Das grau gefüllte Rechteck liegt jetzt hinter dem ersten Rechteck.

8.  Klicken Sie in der Zeichnungs-Symbolleiste auf *Zeichnungsobjekt markieren.*
9. Rahmen Sie die beiden Objekte mit gedrückter linker Maustaste ein.

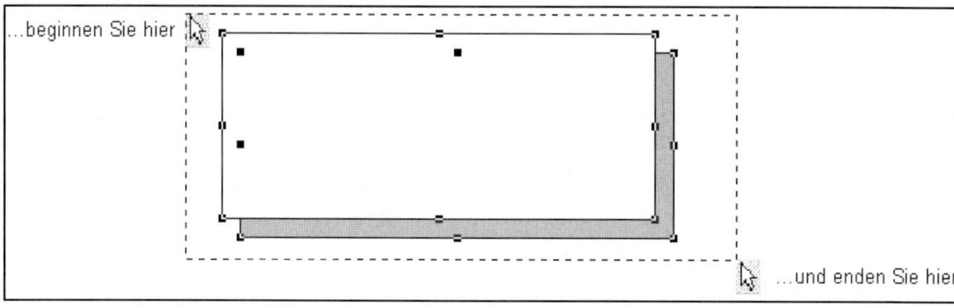

10. 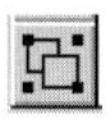 Klicken Sie in der Zeichnungs-Symbolleiste auf *Gruppieren*, um die zwei Objekte zu einem Objekt zusammenzufassen.
11. Bewegen Sie den Mauszeiger in das Objekt und ziehen Sie es mit gedrückter linker Maustaste an eine andere Position.

➢ **Ziel:**

Sie können ein Textfeld erzeugen. Das ist ein frei positionierbarer Rahmen, der Text enthalten kann.

➢ **Lösung:**

1. Wechseln Sie zu dem Mustertext „PC-Profi" und wählen Sie darin den Befehl *Ansicht / Kopf- und Fußzeile.*
2.  Klicken Sie in der Zeichnungs-Symbolleiste auf *Textfeld.*
3. Bewegen Sie den Mauszeiger neben die bereits eingefügte Grafik. Ziehen Sie mit gedrückter linker Maustaste einen Rahmen auf und lassen Sie die Maustaste los.
4. Im Rahmen blinkt jetzt eine Einfügemarke. Geben Sie hier ganz normal Text ein.

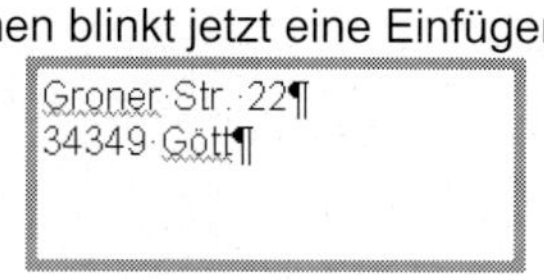

5. Klicken Sie außerhalb des Rahmens, um die Eingabe zu beenden.
6. Klicken Sie auf eine Rahmenlinie, um die Eckanfasser anzuzeigen.
7. Ziehen Sie mit gedrückter linker Maustaste einen Eckanfasser so auf, dass der Rahmen vergrößert oder verkleinert wird. Der Text im Rahmen passt sich der neuen Größe automatisch an.
8. Markieren Sie mit gedrückter linker Maustaste den Text. Anschließend können Sie den Text beliebig formatieren, z.B. eine andere Schriftart und einen anderen Schriftgrad zuweisen.

6.5 Zahlen verzaubern - Diagramme erstellen

Die Zahlen aus einer *Word*-Tabelle können Sie auch in einem Diagramm darstellen. Diagramme wandeln Zahlen in grafische Elemente um, so dass Sachverhalte leichter lesbar und anschaulicher sind. Möglich sind z.B. Säulendiagramme oder auch Liniendiagramme.

Um jetzt ein Diagramm zu erstellen, öffnen Sie zunächst ein neues und leeres Dokument. Erstellen Sie dann die abgebildete Beispieltabelle oder eine Tabelle nach Ihren eigenen Vorstellungen.

	1. Quartal	**2. Quartal**	**3. Quartal**	**4. Quartal**
Produkt 1	1234	2345	3456	4567
Produkt 2	2987	3678	3889	4898
Produkt 3	3150	3897	4125	5125

➢ **Ziel:**

Sie können aus einer Word-Tabelle ein Diagramm erstellen.

➢ **Lösung:**

1. Markieren Sie die gesamte Tabelle.
2. Wählen Sie den Befehl *Einfügen / Objekt...*
3. Wählen Sie in der Registerkarte *Objekt / Neu erstellen* den Eintrag *Microsoft Graph 5.0.* Klicken Sie anschließend auf die Schaltfläche *OK.*
4. Es öffnet sich ein Fenster mit dem Diagramm-Assistent, der Sie jetzt schrittweise durch das Erstellen des Diagramms führt. Oben im Fenster lesen Sie, dass es insgesamt 4 Schritte (Dialogfelder) gibt, bis das Diagramm erstellt wird.

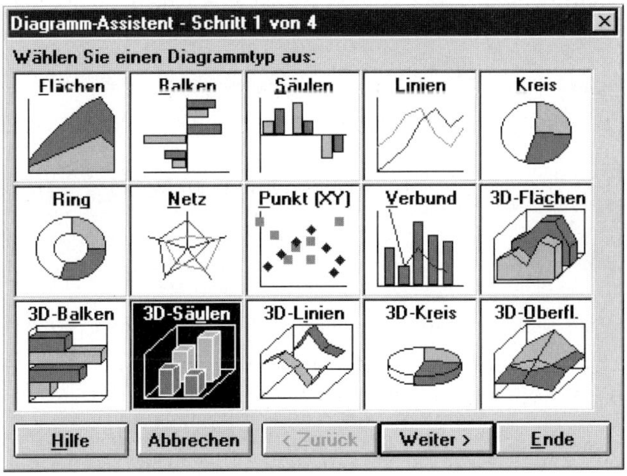

5. Klicken Sie auf *3D-Säulen* und dann auf die Schaltfläche *Weiter >*.

6. Der Assistent öffnet das zweite Dialogfeld. Klicken Sie darin auf das Diagrammformat „4" und anschließend auf die Schaltfläche *Weiter >*.

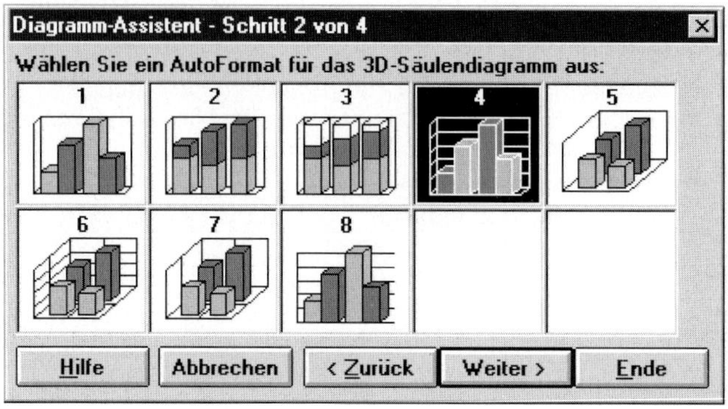

7. Der Assistent öffnet das dritte Dialogfeld. Hier können Sie die Anordnung der Daten festlegen. Im Beispiel sind die Produkte horizontal und die Umsätze vertikal angeordnet. Mit der Option *Datenreihen in Spalten* können Sie das aber ändern.
   Mit einem Klick auf die Schaltfläche *Weiter >* kommen Sie zum letzten Dialogfeld.

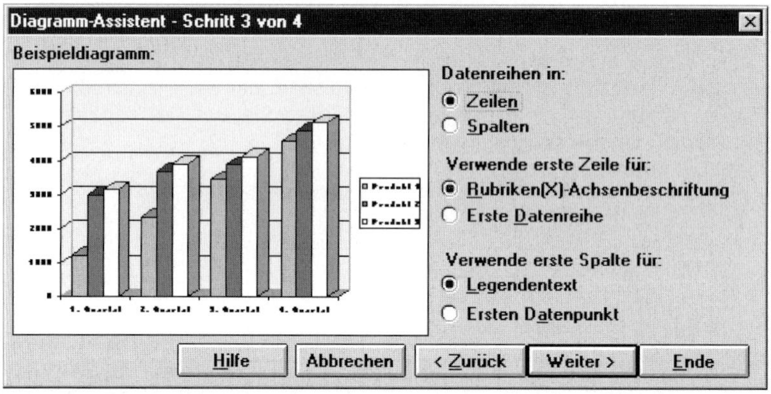

8. Im Dialogfeld 4 können Sie wählen, ob eine Legende (Zeichenerklärung) hinzugefügt werden soll oder nicht.
9. Klicken Sie in das Feld *Diagrammtitel* und geben Sie den Text *Umsätze 1995* ein. Drücken Sie aber <u>nicht</u> die <Enter>-Taste!
10. Klicken Sie in das Feld *Größen (Z)* unter *Achsenbeschriftung.* Geben Sie hier *TDM* (Tausend-DM) an.
11. Klicken Sie auf die Schaltfläche *Ende*.

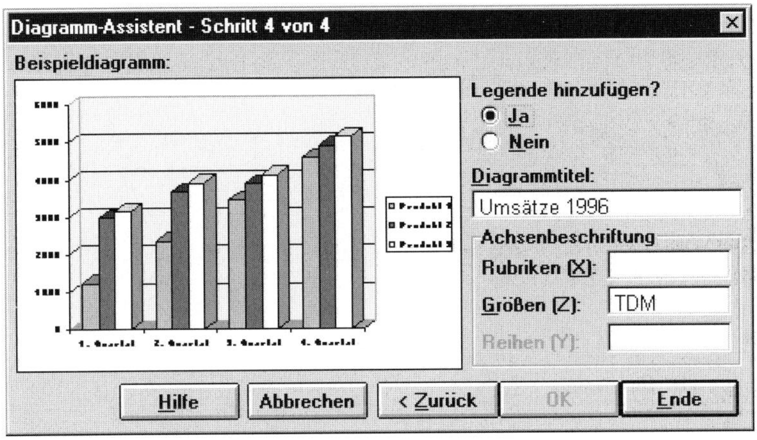

➢ **Ergebnis:**

Sie sehen im Dokument zwei Darstellungen:

- zum einen das Diagramm in einem schraffierten Rahmen und
- die Zahlen aus der *Word*-Tabelle in einem Tabellenfenster.

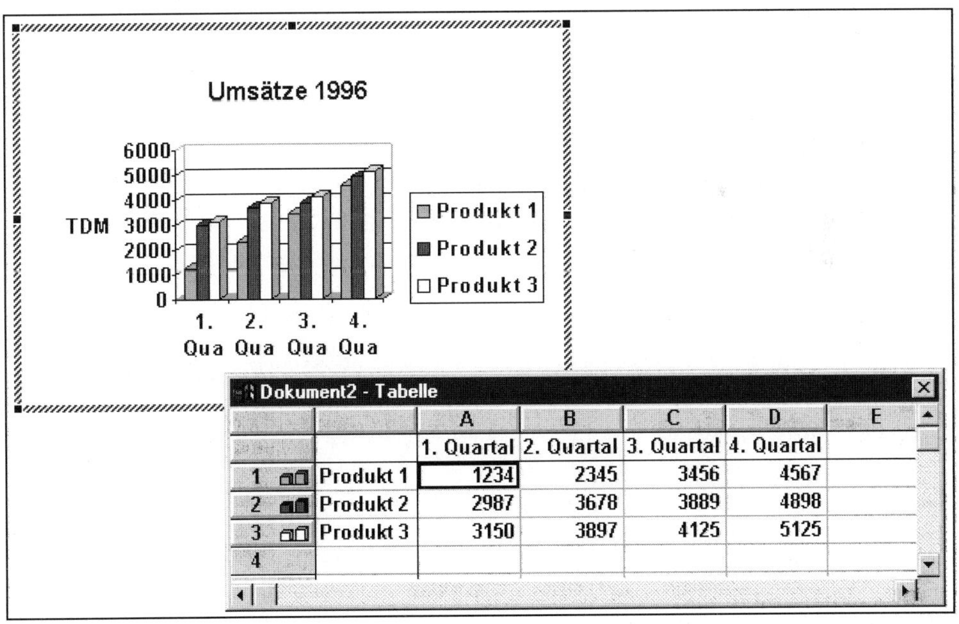

Das Tabellenfenster zeigt einen ähnlichen Aufbau, den auch typische Tabellen in einem Tabellenkalkulationsprogramm aufweisen.

➢ Hinweise:

Der Aufbau des Tabellenfensters gliedert sich in Spalten (A, B, C, u.s.w) und in Zeilen (1, 2, 3, u.s.w.). Der Schnittpunkt zwischen Spalte und Zeile wird als Zelle bezeichnet. Jede Zelle hat einen Namen, der sich aus dem Buchstabe der Spalte und der Nummer der Zeile ergibt. So steht z.B. in der Zelle *A1* der Zahlenwert *1234*.

Um das Tabellenfenster zu verschieben, setzen Sie den Mauszeiger in die Titelzeile und ziehen Sie das Fenster mit gedrückter linker Maustaste an eine andere Position.

Achtung! Klicken Sie nicht außerhalb der Tabelle oder des Diagramms in Ihr Dokument. Die Bearbeitungsfunktionen werden sonst aufgehoben.

➢ Ziel:

Sie können das Diagramm im unmittelbaren Anschluss an die Erstellung bearbeiten.

➢ Lösung:

1. Klicken Sie im Tabellenfenster auf die Zelle *A1* und geben Sie die neue Zahl *1800* ein und drücken Sie die <Enter>-Taste.
   Die Säule im Diagramm wird automatisch vergrößert, da Tabelle und Diagramm verknüpft sind.
2. Klicken Sie im Tabellenfenster rechts oben auf die kleine Schaltfläche mit dem Kreuz, damit das Fenster geschlossen wird.
3. Setzen Sie den Mauszeiger auf den rechten unteren Eckpunkt des Diagramms. Wenn ein Doppelpfeil angezeigt wird, ziehen Sie den Eckpunkt mit gedrückter linker Maustaste so weit nach rechts unten, bis das Diagramm größer dargestellt wird. Die Rubrikenbeschriftungen *1. Quartal, 2. Quartal*, usw. sollten dann in einer Zeile stehen.

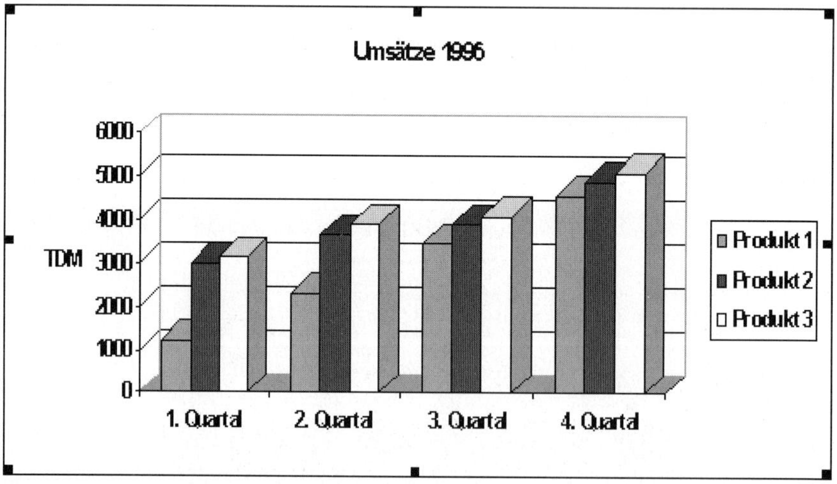

Sollten keine Eckpunkte um das Diagramm angezeigt werden, klicken Sie zunächst mit der linken Maustaste auf das Diagramm.

➢ **Ziel:**

Sie können das Diagramm im Bearbeitungsmodus anzeigen lassen, um verschiedene Formatierungen durchzuführen.

➢ **Lösungen:**

1. Klicken Sie den Diagrammtitel *Umsätze 1995* mit der rechten Maustaste an und wählen Sie im Kontextmenü den Eintrag *Diagrammtitel bearbeiten...*
   Auf der Registerkarte *Muster* klicken Sie in die Optionsfelder *Rahmen Automatisch* und *Schatten.*
   Auf der Registerkarte *Schriftart* wählen Sie den Schriftgrad *12.*

2. Klicken Sie die Achsenbeschriftung *TDM* mit der rechten Maustaste an und wählen Sie im Kontextmenü den Eintrag *Achsenbeschriftung formatieren...*
   Auf der Registerkarte *Ausrichtung* stellen Sie den Text senkrecht.

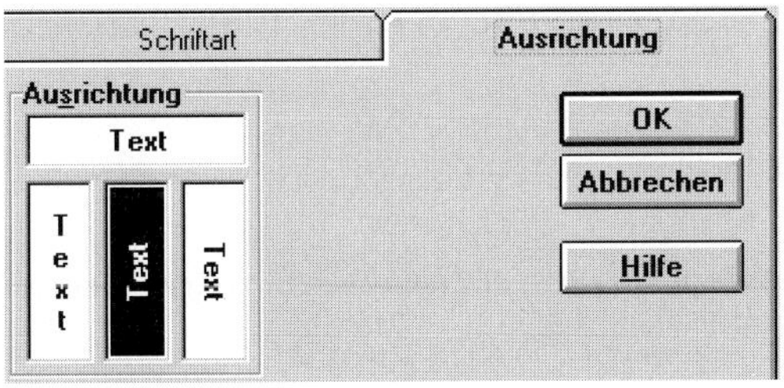

3. Klicken Sie die Legende mit der rechten Maustaste an und wählen Sie im Kontextmenü den Eintrag *Legende formatieren...*
   Auf der Registerkarte *Anordnen* wählen Sie die Option *Unten*.
   Die Legende können Sie auch an der Randlinie mit gedrückter linker Maustaste verschieben.

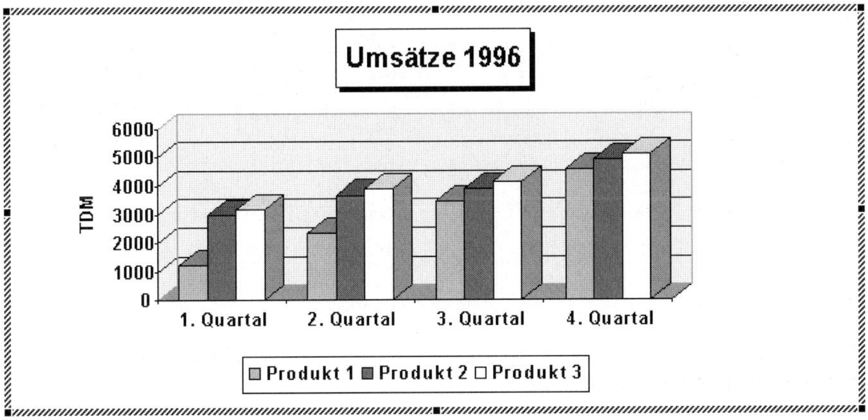

➢ **Hinweis:**

Jedes Element des Diagramms kann bearbeitet werden. Dazu brauchen Sie das gewünschte Element nur mit der rechten Maustaste anklicken. Die möglichen Bearbeitungsbefehle können Sie dann aus dem jeweiligen Kontextmenü auswählen.

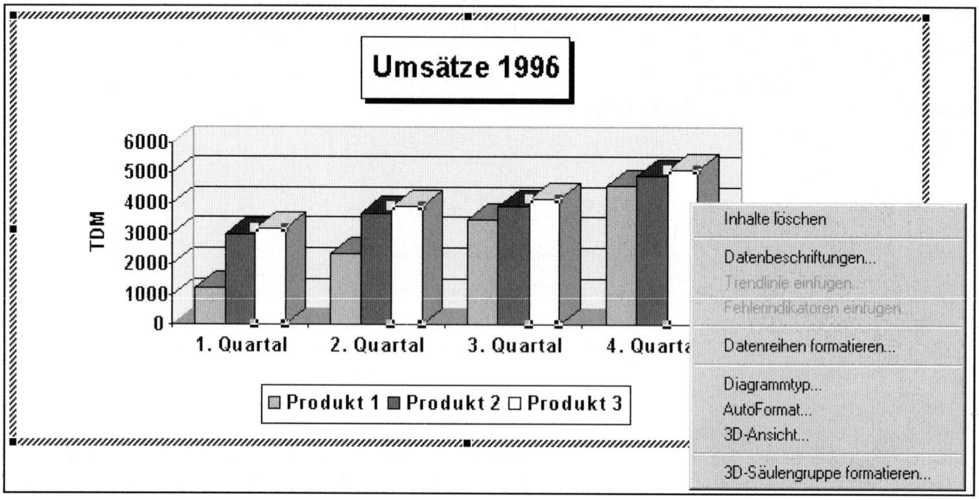

Klicken Sie z.B. mit der rechten Maustaste auf eine Diagrammsäule, können Sie u.a. folgende Dinge ändern bzw. bearbeiten:

- Datenbeschriftungen einfügen,
- den Diagrammtyp ändern, z.B. von 3D in 2D oder umgekehrt,
- die Säulengruppe formatieren, z.B. den Abstand der Säulen ändern, u.v.a.m.

Es ist also egal, auf welches Element Sie mit der rechten Maustaste klicken. Sie bekommen immer das Kontextmenü mit den passenden Befehlen angeboten.

Notizen

7 Fleißige Helfer - Rechtschreibprüfung & Co.

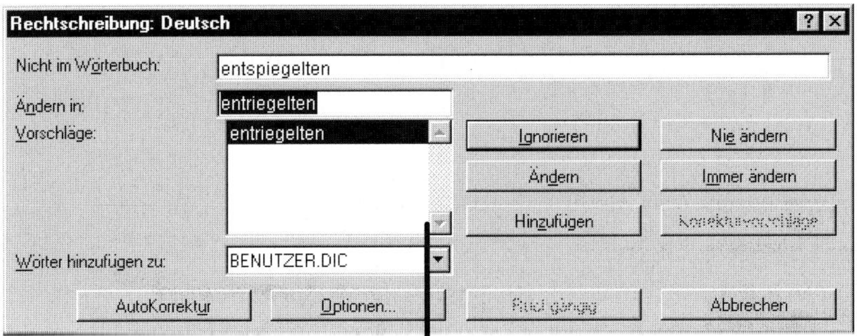

Überlassen Sie die Korrektur von Rechtschreibfehlern der Textverarbeitung.
Seite 112

Word hat auch ein eingebautes Wörterbuch, in das Sie neue Wörter aufnehmen können.
Seite 114

Wörter kann *Word* automatisch oder manuell trennen.
Seite 117

Mit dem Thesaurus suchen Sie zu einem Wort ein gleiches oder ähnliches Wort - ein Synonym.
Seite 119

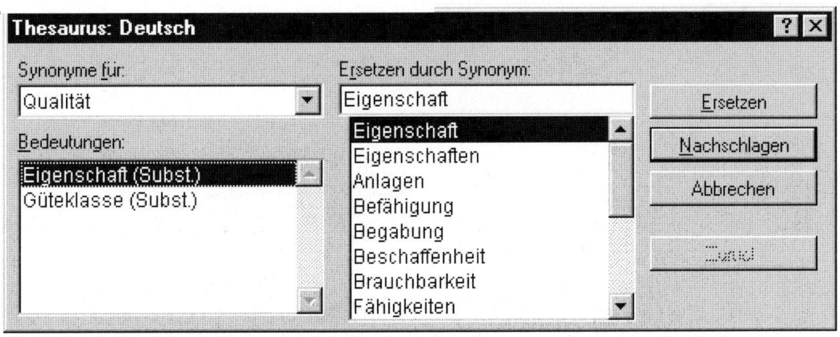

7 Fleißige Helfer - Rechtschreibprüfung & Co.

Word besitzt einige fleißige Helfer in Form von eingebauten Zusatzprogrammen, die Ihnen die Arbeit etwas erleichtern sollen. Die Helfer führen (auf Wunsch) eine Silbentrennung durch, prüfen den Text automatisch auf Rechtschreibfehler und ersetzen, ebenfalls auf Wunsch, ein Wort durch ein gleichbedeutendes Synonym.

Über das Menü *Extras* lassen Sie diese Helfer in Aktion treten.

7.1 Ihr Privatlektor - Die Rechtschreibprüfung

Alle Wörter, die falsch geschrieben oder nicht in dem Standardwörterbuch (Rechtschreibdatenbank) von *Word* enthalten sind, werden von *Word* mit einer roten Schlangenlinie gekennzeichnet. Damit werden Sie aufgefordert, bereits während des Schreibens das so gekennzeichnete Wort zu korrigieren bzw. zu prüfen, ob das Wort so korrekt ist. Bei Bedarf können Sie es dem Standardwörterbuch hinzufügen, damit es zukünftig nicht mehr von der Rechtschreibprüfung moniert wird.

Starten Sie die Rechtschreibprüfung jedoch erst wenn Ihr Text fix und fertig ist, also kurz vor dem Ausdruck oder vor dem Speichern.

➢ **Ziel:**

Sie können Wörter mit Hilfe des Kontextmenüs korrigieren und in das Standardwörterbuch aufnehmen.

➢ **Lösung:**

Klicken Sie mit der rechten Maustaste auf das rot unterschlängelte Wort *entspiegelten* oder auf ein anderes Wort in Ihrem Mustertext. Sie können dann aus dem Kontextmenü auswählen, wie Sie mit dem Wort verfahren möchten:

1. Wird ein brauchbarer Lösungsvorschlag angeboten, klicken Sie auf den Eintrag, der das Wort richtig wiedergibt (oft sind zwar ganz witzige, aber leider keine brauchbaren Wörter dabei).

2. Wird kein brauchbarer Lösungsvorschlag angeboten und ist das Wort tatsächlich falsch, müssen Sie es über die Tastatur ändern. Wählen Sie dazu den Eintrag *Rechtschreibung.* Sie können dann das Wort in dem eingeblendeten Dialogfeld ändern.
   Geben Sie im Feld *Ändern in* das neue Wort ein und klicken Sie auf *Ändern*. Klicken Sie auf *Hinzufügen*, wird das Wort in das Standardwörterbuch aufgenommen.

   Schließen Sie dann das Dialogfeld mit einem Klick auf die kleine Schaltfläche mit dem Kreuz.

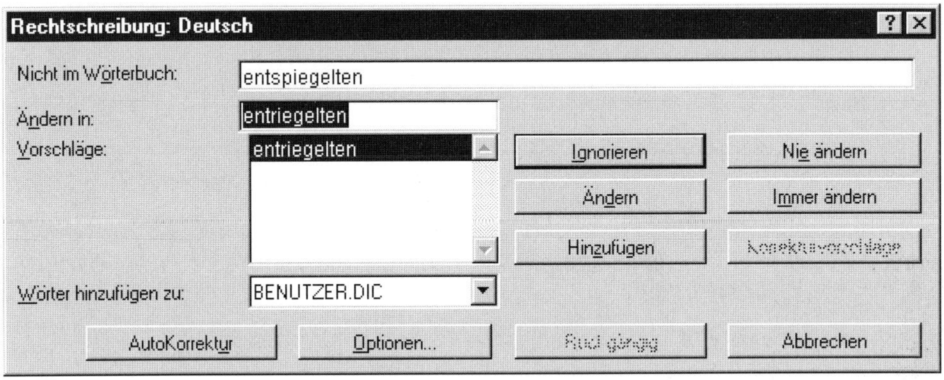

3. Ist das Wort richtig geschrieben, können Sie es mit einem Klick auf den Eintrag *Alle ignorieren* im Kontextmenü aus der automatischen Prüfung herausnehmen. Zukünftig wird dieses Wort nicht mehr beanstandet. Es wird jedoch nicht in das Standardwörterbuch aufgenommen.

4. Ist das Wort richtig geschrieben und Sie wollen es in das Standardwörterbuch aufnehmen, klicken Sie auf den Eintrag *Hinzufügen* im Kontextmenü. Sogar bei einem Verschreiber erscheint das Wort dann mit einem Korrekturvorschlag.

➢ Ergebnis:

Je nachdem, welchen Eintrag Sie aus dem Kontextmenü gewählt haben, wird das Wort entweder korrigiert, nicht korrigiert oder in die Rechtschreibdatenbank aufgenommen. Die rote Schlangenlinie wird anschließend ausgeblendet.

➢ Hinweis:

Falls Sie ein Wort mehrmals verwenden, wird es auch jedesmal als Fehler gekennzeichnet. Handelt es sich bei dem Wort z.B. um einen Eigennamen, können Sie aus dem Kontextmenü den Eintrag *Alle ignorieren* auswählen. Zukünftig wird in der momentanen Arbeitssitzung das Wort nicht mehr als falsch gekennzeichnet. Für Wörter, die nur einmal in einem Schreiben vorkommen, ist das genau die richtige Methode.

Kommen Wörter jedoch wiederholt in fast jedem anderen Schreiben vor, sollten Sie das Wort im Wörterbuch auch neu aufnehmen.

7.1.1 Das eigene Wörterbuch mit speziellen Begriffen

Arbeiten Sie mit vielen Fremdworten oder Eigennamen, können Sie die speziellen Worte in einem gesonderten Wörterbuch aufnehmen. Dieses können Sie dann verwenden, wenn Sie es gerade benötigen. Das kann z.B. dann der Fall sein, wenn Sie an einem speziellen Projekt mit vielen Fremdwörtern oder an einer physikalischen Arbeit schreiben.

➢ **Ziel:**

Sie können ein gesondertes Wörterbuch anlegen.

➢ **Lösung:**

1. Wählen Sie den Befehl *Extras / Optionen...* und im Dialogfeld die Registerkarte *Rechtschreibung.*

2. Im Feld *Korrekturvorschläge* darf im Kästchen bei *Vorschläge nur aus Hauptwörterbuch* kein Häkchen gesetzt sein, wenn die Rechtschreibprüfung nur nach dem benutzerdefinierten Wörterbuch erfolgen soll.

3. Klicken Sie links unten auf die Schaltfläche *Benutzerwörterbücher...*

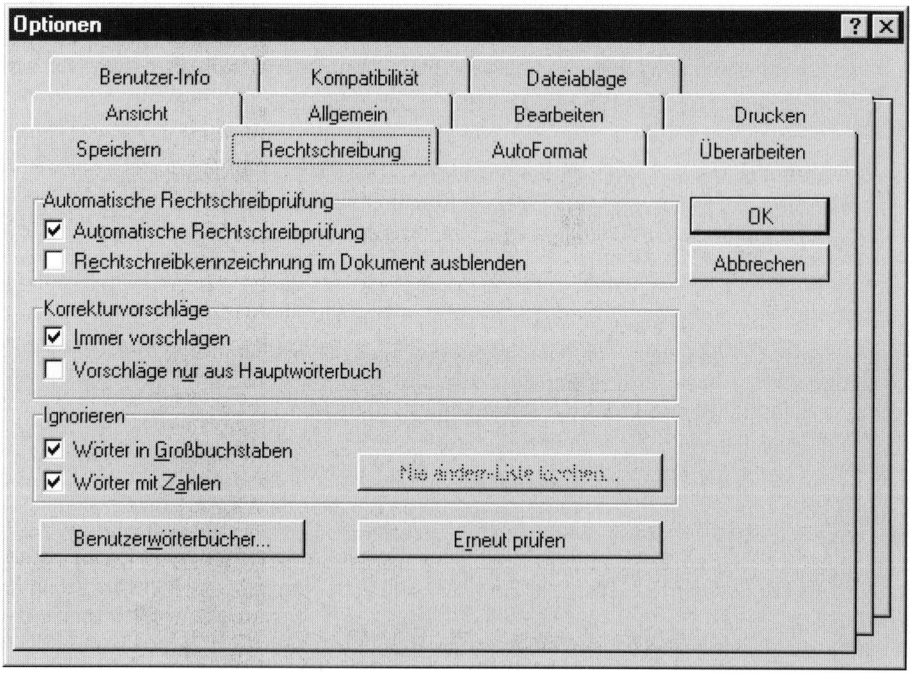

4. Im gleichnamigen Dialogfeld wird jetzt der Name des Standardwörterbuches angezeigt, nämlich: BENUTZER.DIC (DIC = Dictionary = Wörterbuch).

5. Klicken Sie auf die Schaltfläche *Neu* und geben Sie im Dialogfeld bei *Dateiname* den gewünschten Namen des Wörterbuches ein, z.B. *Physik.* Die Endung *DIC* wird automatisch von *Word* vergeben (siehe Feld *Dateityp).*

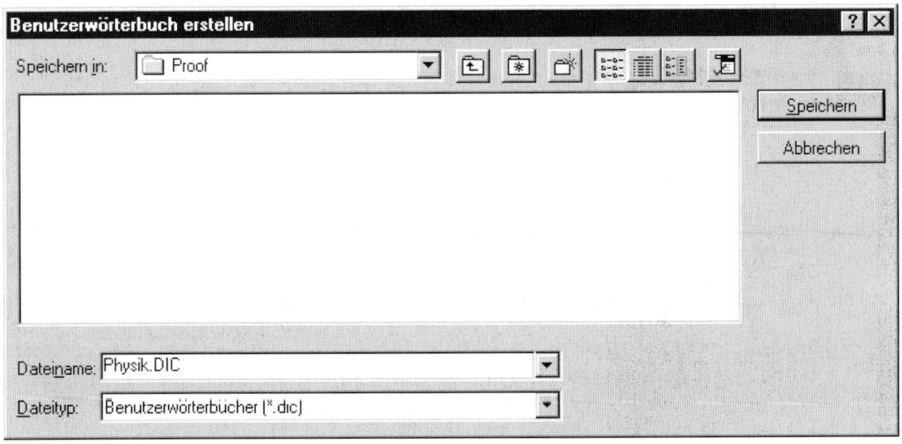

6. Nach dem Klick auf die Schaltfläche *Speichern* wird das neue Wörterbuch angelegt und im Dialogfeld *Benutzerwörterbücher* mit einem Häkchen zur Auswahl markiert. Klicken Sie noch auf die Schaltfläche *OK,* um das Dialogfeld zu schließen.

➢ **Ergebnis:**

Sie haben ein neues Wörterbuch unter einem von Ihnen frei gewählten Namen angelegt.

➢ Ziel:

Sie können Wörter in Ihr eigenes benutzerdefiniertes Wörterbuch aufnehmen.

➢ Lösung:

1. Schreiben Sie alle Wörter untereinander in ein neues und leeres Textdokument.

2.  Setzen Sie die Einfügemarke vor das erste Wort in der Liste und klicken Sie in der Symbolleiste auf *Rechtschreibprüfung.*

3. Wählen Sie im Feld *Wörter hinzufügen zu:* den Eintrag, der den Namen Ihres gesonderten Wörterbuches trägt, z.B. *Physik.Dic.*

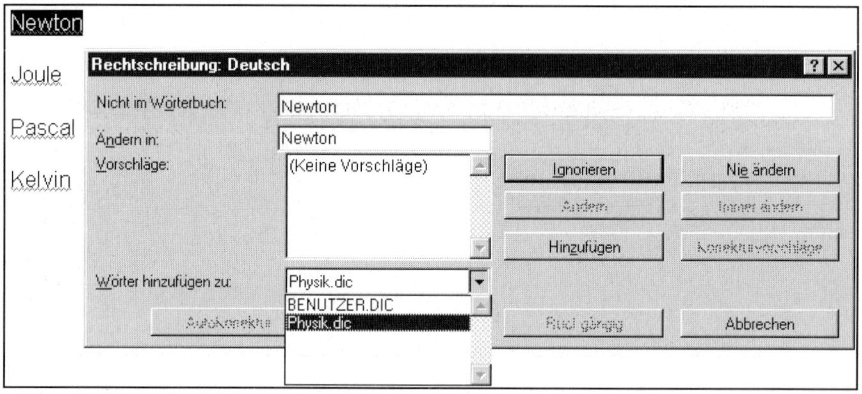

4. Sollte das Wort nicht richtig vorgeschlagen werden, geben Sie im Feld *Ändern in* das Wort in der richtigen Schreibweise ein. Klicken Sie dann auf die Schaltfläche *Hinzufügen.* Ist das Wort richtig geschrieben, klicken Sie gleich auf die Schaltfläche *Hinzufügen.*

5. Die Rechtschreibprüfung läuft dann im Text weiter bis zum nächsten gefundenen Wort. Verfahren Sie dann wie unter Punkt 4 beschrieben.

6. Schließen Sie das Dialogfeld, wenn alle Wörter aufgenommen wurden.

➢ Ergebnis:

Sie haben spezielle Wörter in Ihrem gesonderten Wörterbuch gespeichert.

Notizen

7.2 Silbentrennung leicht gemacht

Sie können in Word die Silben entweder automatisch während des Schreibens trennen lassen oder manuell im Dialog mit Word.
Die automatische Silbentrennung ist in jedem Fall die komfortablere und deshalb auch zu empfehlen.

➢ **Ziel:**

Sie können die automatische Silbentrennung verwenden.

➢ **Lösung:**

1. Wählen Sie das Menü *Extras / Silbentrennung...*
2. Im Dialogfeld klicken Sie in das Kästchen vor *Automatische Silbentrennung*.

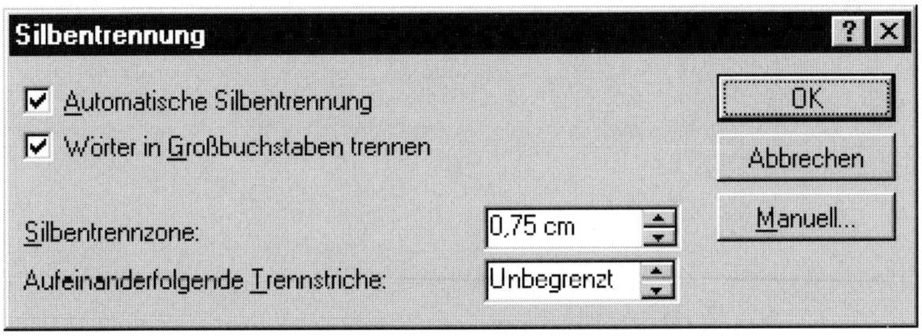

3. Die *Silbentrennzone* (innerhalb dieser Zone wird nicht getrennt) ist mit 0,75 cm voreingestellt und kann im Regelfall auch so bleiben.
4. Klicken Sie auf die Schaltfläche *OK*.

➢ **Ergebnis:**

Word trennt den gesamten Text automatisch. Veränderungen, wie Textumstellungen, werden sofort berücksichtigt.

➢ **Hinweise:**

Möchten Sie einzelne Wörter oder auch Absätze von der Trennhilfe ausschließen, gehen Sie so vor:

1. Markieren Sie das Wort oder den Absatz.
2. Wählen Sie das Menü *Extras / Sprache...* und im Dialogfeld den Eintrag *Keine Überprüfung* aus.

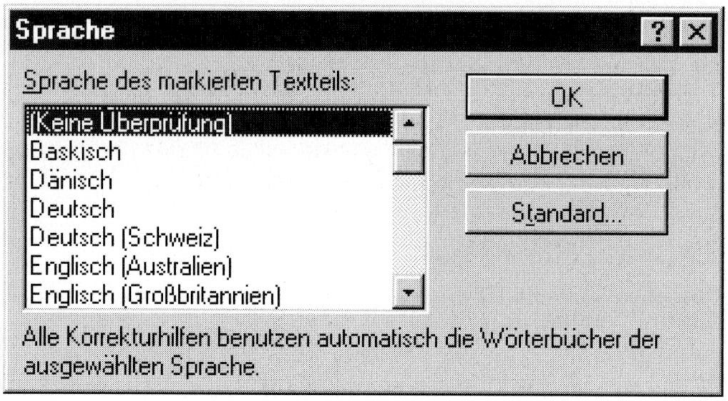

3. Klicken Sie auf die Schaltfläche *OK.* Damit wird ein Wort oder der Text in einem Absatz von der Trennung ausgeschlossen.

➢ **Ziel:**

Sie können die automatische Silbentrennung benutzen, aber jedoch selbst bestimmen, wann und wo getrennt werden soll.

➢ **Lösung:**

1. Wählen Sie das Menü *Extras / Silbentrennung...*

2. Im Dialogfeld klicken Sie auf die Schaltfläche *Manuell. Word* zeigt das erste Wort welches getrennt werden soll in einem Dialogfeld an. Die Trennstelle, die *Word* für die Trennung vorgesehen hat, wird durch eine dicke senkrechte und blinkende Linie angezeigt.

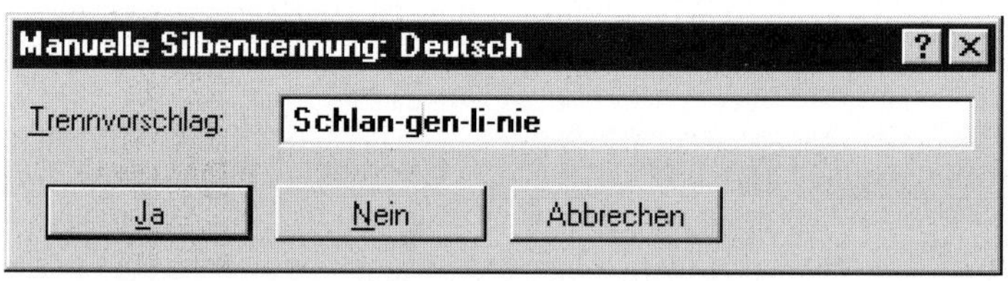

3. Wählen Sie bei Bedarf eine andere Trennstelle, indem Sie den blinkenden Strich mit der <Pfeil rechts>- oder der <Pfeil links>-Taste bewegen.

4. Klicken Sie auf *Nein,* wenn das Wort nicht getrennt werden soll oder auf *Ja*, wenn es getrennt werden soll.
   Anschließend wird die Silbentrennung fortgesetzt.

7.3 Kein prähistorisches Tier - Der Thesaurus

Was sich anhört wie ein längst verstorbenes Tier aus dem Dino-Park, ist ein spezielles Wörterbuch. Damit können Sie ein Wort durch ein gleiches oder ähnliches anderes Wort - ein Synonym - ersetzen. Nutzen Sie diese Möglichkeit, wenn Ihnen gerade nichts einfällt und Sie aber eine treffsichere Formulierung benötigen. Vielleicht finden Sie ja eine Anregung.

➢ **Ziel:**

Sie können Synonyme für Ihre Wörter finden.

➢ **Lösung:**

1. Schreiben Sie ein Wort, zu dem Sie ein gleichbedeutendes finden möchten. Markieren Sie das Wort per Doppelklick. Im Beispiel wird das Wort *Qualität* verwendet.

2. Wählen Sie das Menü *Extras / Thesaurus...*

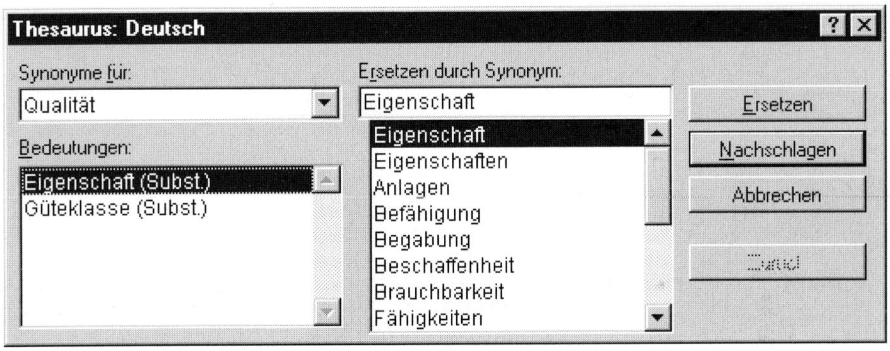

3. Im Dialogfeld wählen Sie im Feld *Bedeutungen* einen passenden Eintrag aus. In der rechten Liste wählen Sie ein passendes Synonym aus.

4. Klicken Sie auf die Schaltfläche *Ersetzen.*

➢ **Ergebnis:**

Word schließt das Dialogfeld und ersetzt das alte Wort durch das von Ihnen ausgesuchte Synonym.

➢ **Hinweis:**

Manchmal können beim Suchen von Synonymen auch lustige und skurrile Dinge herauskommen. Suchen Sie z.B. mal ein Synonym für das Wort *Nudel.* Nun ja, Spaß muss sein.

8 Der Word-Aktenschrank - Speichern, Öffnen und Drucken

Ordnung mit Ordnern. Wie Sie Ordner auf der Festplatte anlegen, steht ab **Seite 123**

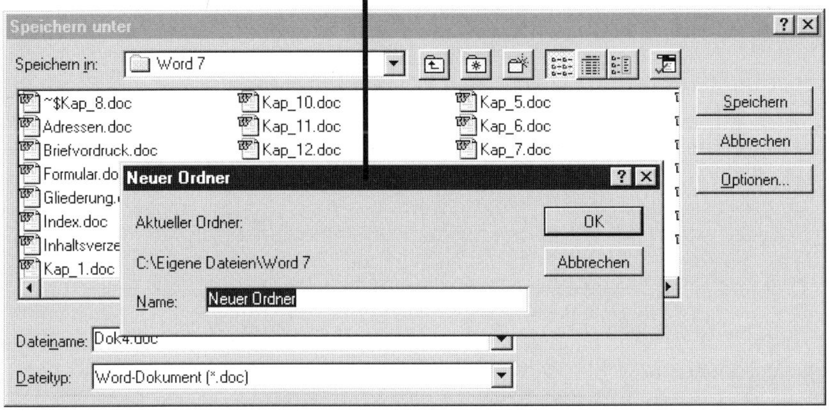

Wie Sie ein Dokument benennen und auf der Festplatte speichern, erfahren Sie ab **Seite 124**

Wie ein Dokument geöffnet wird, steht ab **Seite 127**

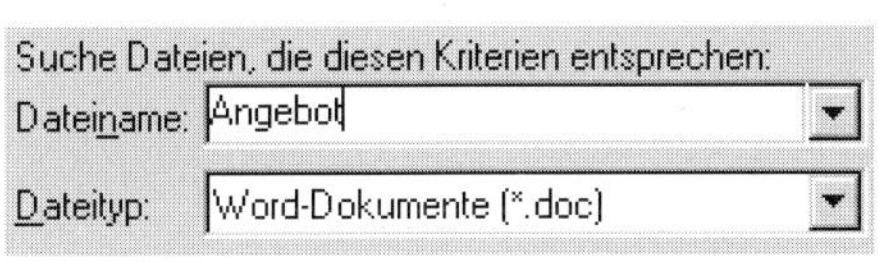

Verschollene Dateien können Sie mit der Suchfunktion aufspüren. **Seite 129**

Drucken Sie ein oder mehrere Exemplare Ihres Dokuments. **Seite 130**

8 Der Word-Aktenschrank - Speichern, Öffnen und Drucken

Ihr Übungsdokument haben Sie ja schon im Laufe der Arbeit auf der Festplatte Ihres PC gespeichert (Kapitel 3.24). Und das ist auch gut so! Hätten Sie das nicht getan und würde ein Gerätedefekt oder sogar ein Stromausfall eintreten, wäre die Arbeit von Stunden unwiderruflich verloren.

In diesem Kapitel wird etwas genauer auf das Speichern von Dokumenten eingegangen. Auch wird aufgezeigt, wie Sie bereits erstellte Dokumente zur Weiterbearbeitung öffnen. Sollten Sie mal nicht mehr genau wissen, wie ein Dokument heißt und wo es auf der Festplatte gespeichert ist, helfen Ihnen die Suchfunktionen von *Word*. Hierzu gibt es ebenfalls einige Beispiele zum direkten Umsetzen.

8.1 Fast wie im Büro - Ordner und Schriftstücke verwalten

Im Büro sieht das so aus: Ihre Schriftstücke werden in Aktenordnern abgelegt. Diese erhalten oft noch Registerblätter und sind außen auf dem Ordnerrücken beschriftet. Wozu das Ganze? Natürlich zu dem Zweck, die Schriftstücke auch schnell wiederzufinden, wenn man sie mal braucht. Ordnung muss halt sein, wenn man schnell und effizient arbeiten will.

Genauso ordentlich sollte es auch auf der Festplatte Ihres PC zugehen. Auch hier können Sie eine Organisationstruktur wie im Büro schaffen. Die Bezeichnungen sind sogar sehr ähnlich:

So heißt's im Büro:	**So heißt's auf der Festplatte Ihres PC:**
Aktenordner	Ordner
Registerblätter im Aktenordner	Unterordner
Schriftstücke	Dokumente
Beschrifteter Ordnerrücken	Ordnername
Beschriftete Registerblätter	Unterordnername
Benennung der Schriftstücke	Dateiname

In einem Ordner mit dem Namen *Neue Produkte 1996* kann die Struktur grafisch so aussehen:

Bezeichnung	**Struktur**
Ordner	Neue Produkte 1996
Unterordner	└── Monitore
Dateiname	└── Angebot neue Monitore

Noch ein Wort zu Unterordnern: Sie können sein, müssen aber nicht. Wie detailliert Sie Ihre Festplattenstruktur vornehmen, liegt an Ihnen.

➢ Ziel:

Sie können einen Ordner anlegen und benennen. Ein Dokument wird dabei noch nicht gespeichert.

➢ Lösung:

1. Wählen Sie den Befehl *Datei / Speichern unter...*

2.  Klicken Sie so oft auf das Symbol *Übergeordneter Ordner,* bis im Feld *Speichern in:* der Eintrag *Eigene Dateien* erscheint.

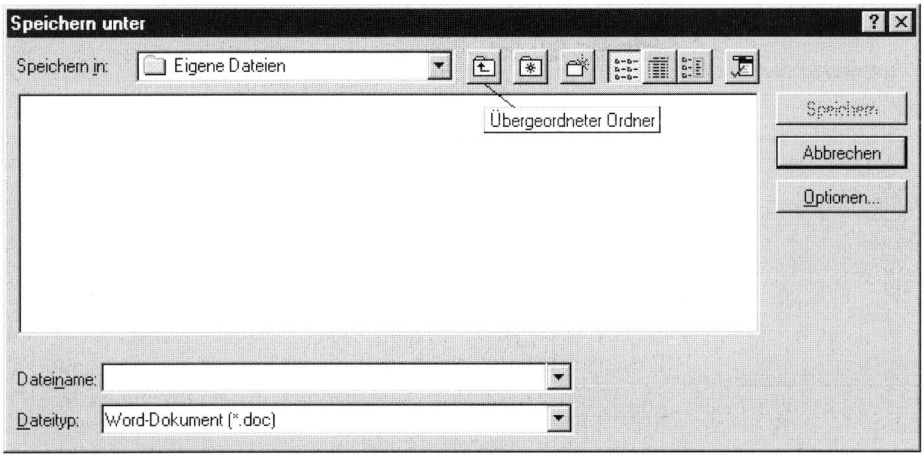

3. 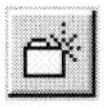 Klicken Sie auf das Symbol *Neuen Ordner erstellen* und geben Sie im Dialogfeld bei *Name:* einen neuen Ordnernamen ein, z.B. *Monitore.* Klicken Sie zum Schluß auf *OK.*

4. Klicken Sie auf die Schaltfläche *Abbrechen,* wenn Sie keine weiteren Ordner mehr anlegen möchten.

➢ Ergebnis:

Sie haben das Dialogfeld *Datei / Speichern unter...* dazu benutzt, einen neuen Ordner anzulegen. Der *Explorer* von *Windows 95* musste hierzu nicht aufgerufen werden.

8 Der Word-Aktenschrank - Speichern, Öffnen und Drucken

➢ **Ziel:**

Sie können ein Dokument benennen und in einem bestimmten Ordner speichern.

➢ **Lösung:**

Haben Sie Ihrem Dokument noch keinen Namen gegeben, steht in der Titelzeile des *Word*-Arbeitsfensters noch die Bezeichnung *Dokument* mit einer Nummer. Um das Dokument zu speichern, gehen Sie so vor:

1.  Klicken Sie in der Symbolleiste auf das Diskettensymbol.
2. Klicken Sie im Dialogfeld doppelt auf den Ordnernamen *Monitore.*
3. Geben Sie im Feld *Dateinamen* den Namen Ihres Dokuments ein, z.B. *Angebot neue Monitore*.

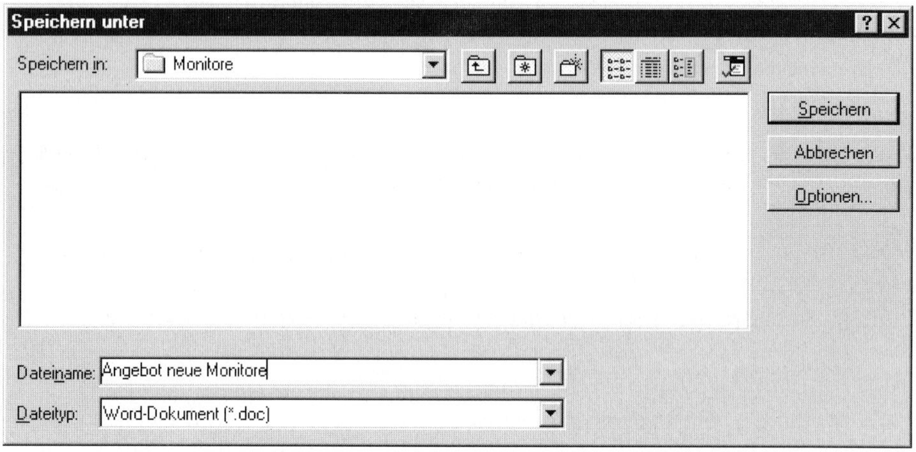

4. Klicken Sie auf *die* Schaltfläche *Speichern*, damit das Dokument gespeichert wird.

➢ **Ergebnis:**

Sie haben ein Dokument unter einem Namen in einem bestimmten Ordner gespeichert.

➢ **Hinweise:**

1. Möchten Sie Ihr Dokument statt auf der Festplatte auf einer Diskette speichern, klicken Sie zunächst auf den Abwärtspfeil neben dem Feld *Speichern in.* In der eingeblendeten Liste klicken Sie dann auf den Eintrag *3,5"-Diskette (A:).* Fahren Sie dann wie unter Punkt 3 beschrieben fort.

2. Sie müssen das Dokument nur benennen, wenn Sie es zum ersten Mal speichern. Wenn Sie das nächste Mal auf das Diskettensymbol klicken, speichert *Word* die Datei automatisch unter dem bereits vergebenen Namen ab.

3. Die „Turbo-Taste" zum Speichern ist die Tastenkombination <Strg> + <S>. Einfach während des Schreibens gedrückt, wird Ihr Schreibfluss nicht durch den Griff zur Maus unterbrochen.

4. Wenn Sie größere Teile Ihres Dokuments auch in einem neuen und ähnlich aufgebauten Dokument verwenden wollen, können Sie während des Speicherns auch eine Kopie unter einem anderen Namen anlegen.
   Dazu wählen Sie das Menü *Datei / Speichern unter...* Dann suchen Sie wie gewohnt einen Platz zum Speichern aus - also einen Ordner - und geben den neuen Dateinamen ein. Sie haben dann zwei inhaltlich identische Dateien, aber jeweils unter verschiedenen Namen.

➢ **Ziel:**

Sie können *Word* anweisen, Ihre Dokumente nach einer gewissen Zeit automatisch zu speichern. Außerdem können Sie automatisch Sicherungskopien Ihrer Dokumente erstellen lassen.

➢ **Lösung:**

1. Wählen Sie das Menü *Datei / Speichern unter...* und klicken Sie darin auf die Schaltfläche *Optionen.* Alternativ können Sie auch das Menü *Extras / Optionen /* Registerkarte *Speichern* aufrufen.

2. Klicken Sie in der Registerkarte in die Kästchen *Sicherungskopie immer erstellen* und *Automatisches Speichern alle.*

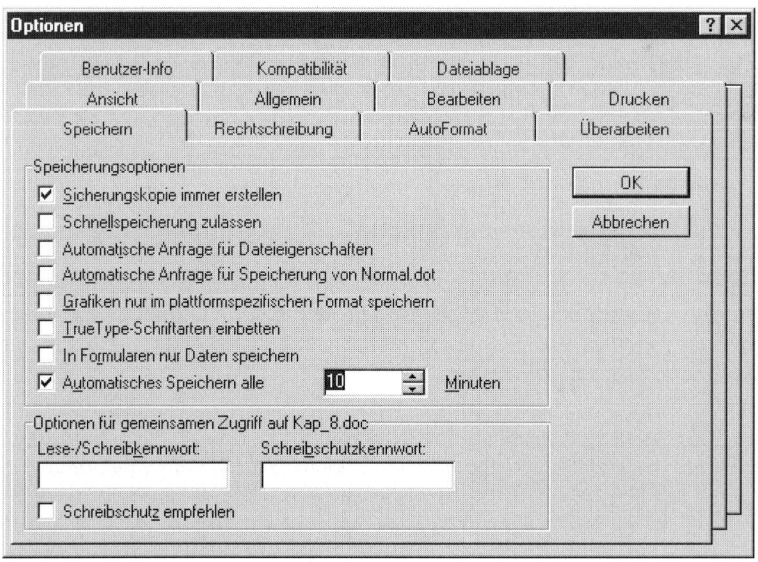

3. Klicken Sie auf die Schaltfläche *OK.*

➢ Ergebnis:

Durch die Option *Sicherungskopie immer erstellen* wird die vorherige Version eines Dokuments beim Speichervorgang beibehalten. Das ist nützlich, wenn Sie ein geändertes Dokument speichern und später feststellen, dass Sie doch lieber die alte Version verwenden möchten.

Durch die Option *Automatisches Speichern alle* werden die Dokumente bis zum eigentlichen Speichervorgang in einem speziellen Format und an einer bestimmten Stelle gespeichert. Wenn Sie *Word* erneut starten, nachdem vor dem Speichern ein Stromausfall oder ein anderes Problem aufgetreten ist, öffnet *Word* nach dem nächsten Programmstart alle automatisch gespeicherten Dokumente in einem eigenen Fenster. Sie können diese dann wie gewohnt speichern.

➢ Ziel:

Sie können nach einem Stromausfall oder eines anderen Problems die vorherige Version des Dokuments wiederherstellen.

➢ Lösung:

1. Klicken Sie auf das Symbol *Öffnen* 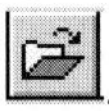.
2. Klicken Sie im Feld *Dateityp* auf *Alle Dateien.*
3. Klicken Sie auf den Namen des Ordners, der das Dokument enthält.
4. Klicken Sie auf *Details* .
5. Die Sicherungskopie wird unter *Sicherungskopie von Dokument* gespeichert und besitzt den Dateityp *Sicherungskopie* (*.bak).
6. Klicken Sie auf den Namen der Sicherungskopie.
7. Klicken Sie auf *Öffnen.*

Notizen

8.2 Dokumente aus dem Aktenschrank holen - Öffnen von Dateien

Irgendwann müssen Sie ein Dokument ändern oder ergänzen. Dazu müssen Sie es aus dem Aktenschrank, d.h. aus einem Ordner von der Festplatte, auf den Bildschirm holen. Im Computerjargon wird das als *Öffnen* bezeichnet.

➢ **Ziel:**

Sie können ein Dokument öffnen.

➢ **Lösung:**

1. Wählen Sie das Menü *Datei / Öffnen...* oder klicken Sie auf .
2. Das sich dann öffnende Dialogfeld ähnelt vom Aufbau und von den Schaltflächen her dem Dialogfeld zum Speichern.
3. Klicken Sie auf den Abwärtspfeil neben *Suchen in* und wählen Sie den Ordner per Doppelklick aus, in dem Sie das Dokument zuvor gespeichert haben.
   Sie können auch so lange auf das Symbol *Übergeordneter Ordner* klicken, bis der gesuchte Ordnername angezeigt wird. Klicken Sie auch diesen wieder doppelt an.
4. Klicken Sie den Dateinamen im großen Feld an und dann auf die Schaltfläche *Öffnen.*

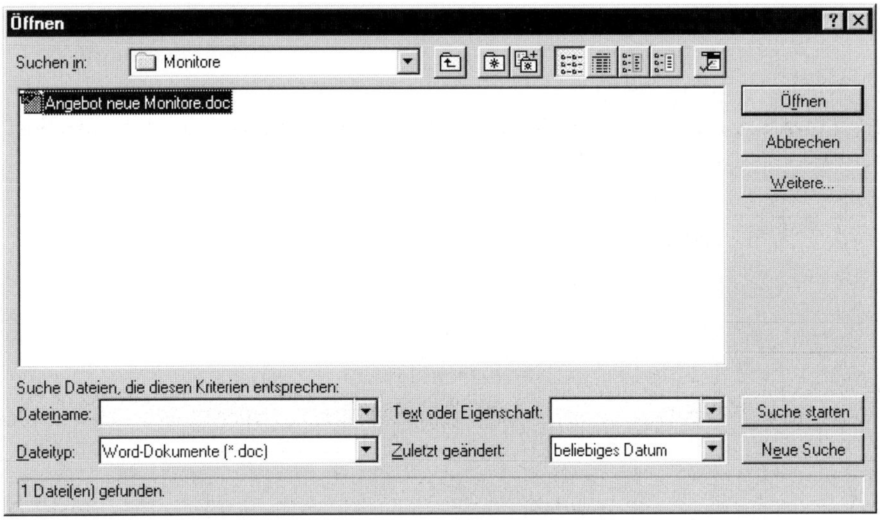

➢ **Ergebnis:**

Die zu bearbeitende Datei wird angezeigt.

8 Der Word-Aktenschrank - Speichern, Öffnen und Drucken

➢ **Ziel:**

Sie können die zuletzt verwendeten Dateien ganz schnell öffnen.

➢ **Lösung:**

Wählen Sie das Menü *Datei*. Im aufgeklappten Menü listet *Word* die vier zuletzt verwendeten Dateien auf. Klicken Sie einfach auf einen Dateinamen (oder geben Sie die davor stehende Kennziffer ein).

➢ **Ergebnis:**

Word öffnet sofort die Datei.

➢ **Hinweise:**

1. Wenn Sie mehr als nur die vier zuletzt verwendeten Dateien im Menü *Datei* lesen möchten, gehen Sie so vor:
   Wählen Sie das Menü *Extras / Optionen /* Registerkarte *Allgemein*. Dort können Sie im Feld *Einträge* eine Zahl zwischen 1 und 9 eingeben.

2. Nachdem Sie *Word* beendet haben, können Sie die zuletzt verwendeten Dokumente auch direkt über das *Start*-Menü von *Windows 95* öffnen. Klicken Sie auf die Schaltfläche *Start* und bewegen Sie den Mauszeiger auf den Eintrag *Dokumente*. Hier können Sie durch einen Klick auf den Dateinamen gleich zwei Dinge erledigen: *Word* wird gestartet und das Dokument automatisch geöffnet.

8.3 Wo ist das Dokument geblieben? - Word hilft bei der Suche

Normalerweise müsste die Datei *Brief an Herrn Bunzenthal* im Ordner *Korrespondenz* stehen. Oder doch nicht? War es vielleicht der Ordner *Geschäftsbriefe* oder schreibt sich Bunzenthal vielleicht als Bunsental? Damit die Suche nach dem richtigen Dokument nicht zu Qual wird, bietet *Word* verschiedene Suchfunktionen an.

➢ **Ziel:**

Sie können verschiedene Suchkriterien verwenden, um nach einem Dokument zu suchen. Dabei wissen Sie nicht in welchem Ordner das Dokument steht und nur ungefähr wie es heißt.

➢ **Lösung:**

1. Klicken Sie auf das Symbol *Öffnen* .
2. Klicken Sie auf den Abwärtspfeil neben dem Feld *Suchen in* und wählen Sie aus der Liste den Eintrag *C:* (Festplatte) aus.
3. Geben Sie im Feld *Dateiname* so viel von dem Dateinamen ein, wie Sie wissen, z.B. *Angebot.*
   Z.B. können Sie auch folgende Eingaben mit den Platzhaltern * oder ? vornehmen:

*REISEN	=> Word findet z.B. FERNREISEN,
REISE*	=> Word findet z.B. REISEANGEBOT,
19?6	=> Word findet z.B.1996 oder 1986,
Ma?er	=> Word findet z.B. Mayer oder Maier aber nicht Meier.

4. Klicken Sie auf das Symbol *Befehle und Einstellungen* . Wählen Sie darin den Eintrag *Unterordner durchsuchen.* Danach liesst *Word* den Inhalt der gesamten Festplatte ein. Dieses kann ein paar Sekunden dauern. Anschließend haben Sie aber noch **nicht** das Suchergebnis.
5. Klicken Sie auf die Schaltfläche *Suche starten.* Danach beginnt *Word* mit der gezielten Suche in allen Ordnern der Festplatte.

➢ **Ergebnis:**

Word zeigt Ihnen im Dialogfeld das Suchergebnis: alle Dateinamen, die auf Ihrer Festplatte existieren und die Ihren Eingaben entsprechen. Auch die Ordner, in denen die Dateien stehen, werden angezeigt.
Sie brauchen nur die Datei anklicken und auf die Schaltfläche *Öffnen* klicken.

8.4 Soviel Druck muss sein - Wie Sie Ihre Dokumente drucken

Nachdem Sie Ihr Dokument erstellt haben, möchten Sie es wahrscheinlich auch drucken. Alles unter dem Motto: „Was man schwarz auf weiß besitzt..."

Zum Drucken Ihres gesamten Dokuments in einer Ausfertigung (also nur ein Exemplar), brauchen Sie nur den Drucker einschalten, Papier einzulegen und in der Symbolleiste auf *Drucken* zu klicken. Schon beginnt der Ausdruck.

Möchten Sie jedoch nur bestimmte Dinge drucken, z.B. nur die Seiten 2 bis 3 von einem 5-seitigen Dokument, oder 2 Exemplare Ihres Dokuments, dann müssen Sie schon den „Umweg" über ein Dialogfeld nehmen.

➢ **Ziel:**

Sie können verschiedene Druckoptionen einstellen.

➢ **Lösung:**

1. Wählen Sie das Menü *Datei / Drucken...*

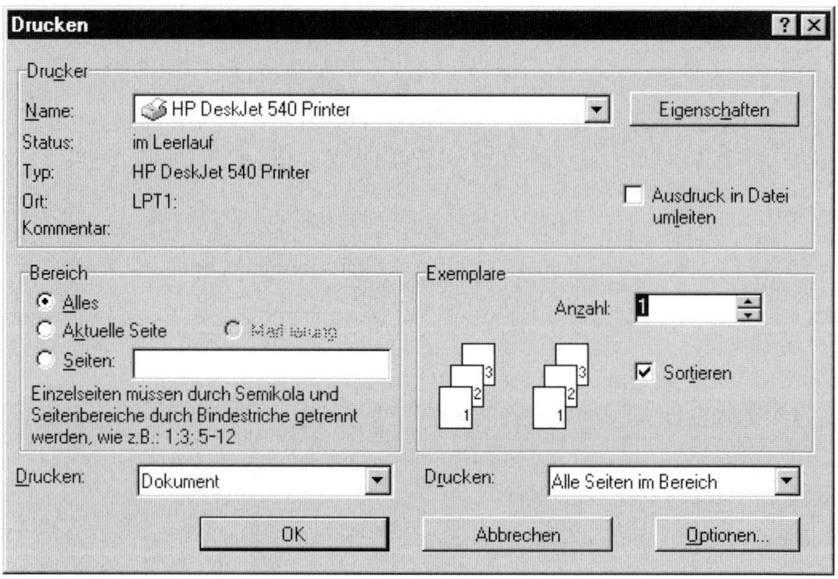

2. Unter *Bereich* haben Sie folgende Möglichkeiten:
   Option *Alles* druckt das gesamte Dokument,
   Option *Aktuelle Seite* druckt nur die Seite, in der sich gerade die Einfügemarke befindet,
   Option *Markierung* ist nur aktiv, wenn Sie vorher Text markiert haben. Nur der markierte Text wird dann gedruckt,
   Option *Seiten* druckt die Seitennummern, die Sie im danebenliegenden Feld eingeben. Eine Erklärung finden Sie direkt unterhalb des Feldes.

3. Im Bereich *Exemplare* können Sie noch wählen, wieviel Kopien von Ihrem Dokument gedruckt werden sollen und ob diese sortiert werden sollen oder nicht.

4. Überprüfen Sie, ob im Bereich *Drucker* der Name des Druckers steht, mit dem Sie drucken möchten. Sind mehrere Drucker in *Windows 95* installiert, können Sie nach einem Klick auf den Abwärtspfeil einen anderen Drucker aus einer Liste auswählen.

5. Klicken Sie auf *OK*, um den Druckvorgang zu starten.

...wenn's mal mit dem Drucken nicht so klappt!

Nur keine Panik bei Fehlfunktionen des Druckers oder wenn Sie während des Druckens den Druckvorgang abbrechen möchten.

Und so geht's:

1. Bewegen Sie den Mauszeiger in die *Start*-Leiste (Task-Leiste) von *Windows 95*.
2. Klicken Sie doppelt auf das Druckersymbol 

.
3. Im Druckerfenster klicken Sie mit der rechten Maustaste auf den Dokumentnamen mit dem Status *Wird gedruckt*.
4. Im Kontextmenü wählen Sie den Eintrag *Druckauftrag abbrechen.*

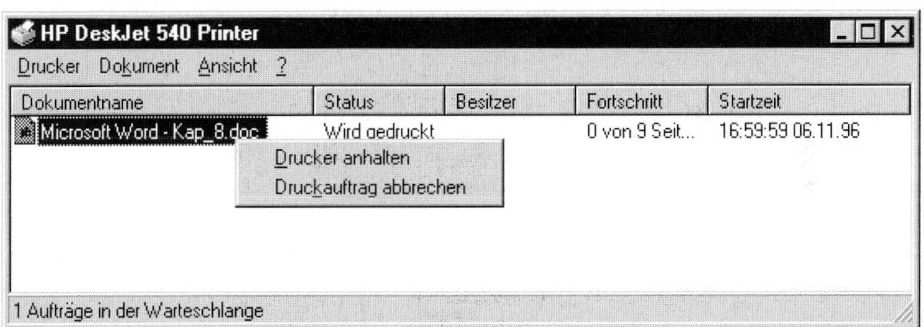

5. Schließen Sie das Druckerfenster, indem Sie auf die kleine Schaltfläche mit dem Kreuz klicken.

Achtung!
Schalten Sie den Drucker auf keinen Fall aus, während noch Seiten gedruckt werden!

9 Ein Brief an alle - Serienbriefe erstellen

Das Prinzip des Seriendrucks:
Hauptdokument + Datenquelle + Platzhalter = Serienbrief.
Seite 135

Die Datenquelle ist eine Datenbank. Wie Sie die Datenquelle erstellen, steht ab
Seite 137

Datenerfassung leicht gemacht. So erfassen Sie die Daten.
Seite 139

Seriendruckfelder sind Platzhalter aus der Datenquelle, z.B.

<<Name>>
<<Vorname>>
<<Ort>>

Wie Sie mit Platzhaltern im Serienbrief arbeiten, steht auf
Seite 140

Ganz schön logisch - Abfragen mit WENN...DANN...SONST...
Seite 142

Wenn Sie nur Serienbriefe an bestimmte Adressaten verschicken möchten, können Sie die Datensätze filtern.
Seite 149

9 Ein Brief an alle - Serienbriefe erstellen

Was ist ein Serienbrief? Wahrscheinlich haben Sie auch schon mal einen bekommen - als Werbebrief der Firma YXZ. Auch wenn da vielleicht „Persönlich!" draufsteht, haben auch Tausend andere Personen so einen Brief erhalten. Darin ist alles, bis auf die Anschrift, immer gleich.

Firmen nutzen also Serienbriefe, um in größerem Umfang Werbebriefe für Produkte oder Dienstleistungen, Rechnungen, Mitteilungen an die Belegschaft usw. zu versenden. Privatpersonen können Serienbriefe verwenden, um z.B. nach einem Umzug die neue Anschrift an Verwandte, Bekannte, Ämter und Versicherungen zu schicken. Dadurch sparen Sie sich, vielleicht 35mal von Hand zu schreiben: „Wir sind umgezogen! Unsere neue Anschrift lautet...". Aber auch eine Einladung an nahe und ferne Freunde zur nächsten Riesenfete ist so ein Serienbrief-Kandidat. Und der Vorsitzende des örtlichen Briefmarkenvereins lädt damit alle Mitglieder zur Jahreshauptversammlung ein.

9.1 Woraus besteht denn so ein Serienbrief?

Ein Serienbrief ist zunächst mal ein ganz normales *Word*-Dokument. Es enthält den Text, der für alle Adressaten gleich ist. Dieser Text wird durch variable Texte ergänzt. Das sind z.B. Adresse oder Anrede, die für jede Person unterschiedlich sind.

Damit so ein Serienbriefdokument entsteht, benötigen Sie zwei Dateien:

- das **Hauptdokument**
  und
- eine **Datenquelle**.

Das **Hauptdokument** enthält den Text, der für alle Briefe gleich ist. Der Text kann wie jedes andere Dokument erstellt, geändert und formatiert werden. Ob Sie Grafiken einfügen, mit Rahmen und Mustern arbeiten, alles ist möglich.

Die **Datenquelle** enthält z.B. die Namen und Adressen der Empfänger. Sie ist eine tabellarische Aufstellung, bei deren Erstellung Sie von *Word* unterstützt werden.

Die variablen Daten werden im Hauptdokument als „Platzhalter" eingefügt und beim Ausdruck des Serienbriefes mit je einer Information aus der Datenquelle verbunden. Dabei werden die Variablen im ersten Brief durch die Daten der ersten Adresse ersetzt. Danach folgt das gleiche mit der nächsten Adresse usw., bis alle Briefe gedruckt sind.

Notizen

9.2 Das Prinzip des Seriendrucks

Zum einen haben Sie das Hauptdokument mit den Variablen als Platzhalter und zum anderen die Datenquelle, die die variablen Daten zur Verfügung stellt.

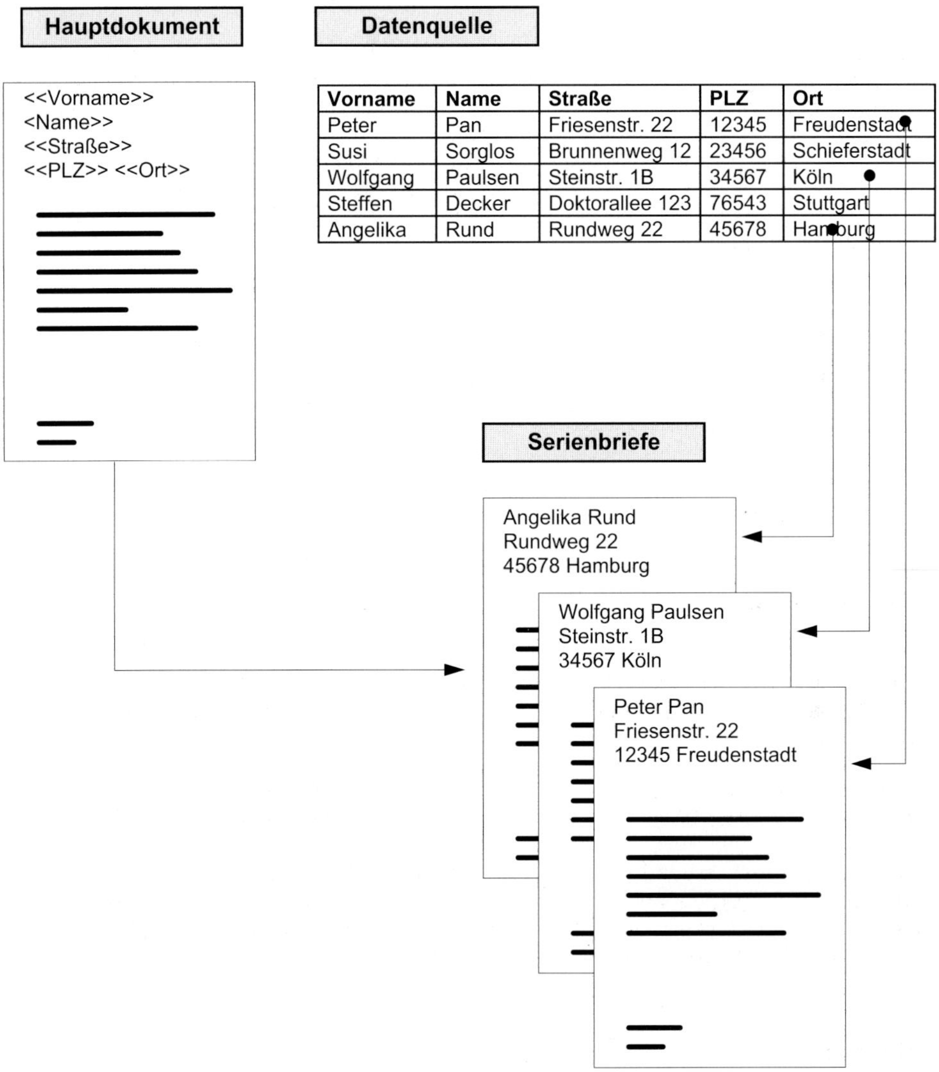

Vorname	Name	Straße	PLZ	Ort
Peter	Pan	Friesenstr. 22	12345	Freudenstadt
Susi	Sorglos	Brunnenweg 12	23456	Schieferstadt
Wolfgang	Paulsen	Steinstr. 1B	34567	Köln
Steffen	Decker	Doktorallee 123	76543	Stuttgart
Angelika	Rund	Rundweg 22	45678	Hamburg

Aus der Grafik wird deutlich, dass nicht alle Informationen aus der Datenquelle in den Serienbrief einfließen müssen. Vielmehr können ganz gezielt nur bestimmte Informationen berücksichtigt werden und andere nicht.
Wie nun Serienbriefe erstellt werden, erfahren Sie ab der nächsten Seite.

9.3 Wie das Haupdokument entsteht

➢ **Ziel:**

Sie können den *Seriendruck-Manager* starten und das Hauptdokument erstellen.

➢ **Lösung:**

1. Wählen Sie das Menü *Extras / Seriendruck...* Wählen Sie im dann erscheinenden Dialogfeld unter **1 Hauptdokument:** die Schaltfläche *Erstellen.* In der sich dann öffnenden Liste wählen Sie den Eintrag *Serienbriefe...*

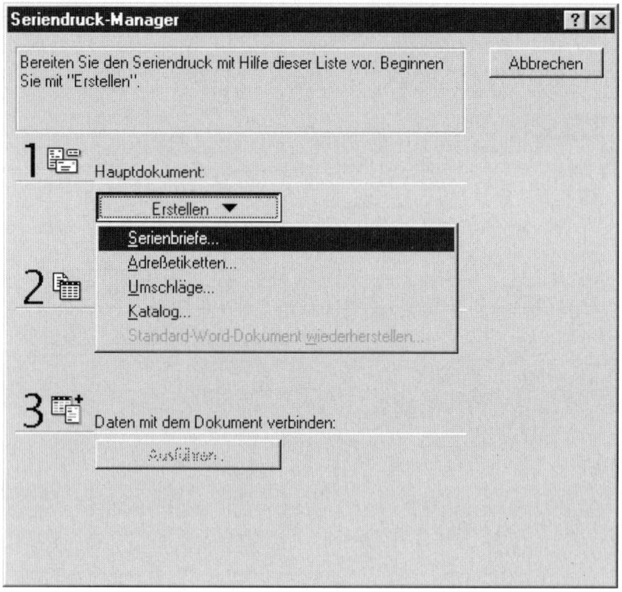

2. Haben Sie gerade ein Dokument geöffnet, müssen Sie im nächsten Dialogfeld entscheiden, ob Sie den Serienbrief im Dokument des aktiven Fensters oder in einem neuen leeren Dokument erstellen möchten.

3. Klicken Sie auf *Neues Hauptdokument.*

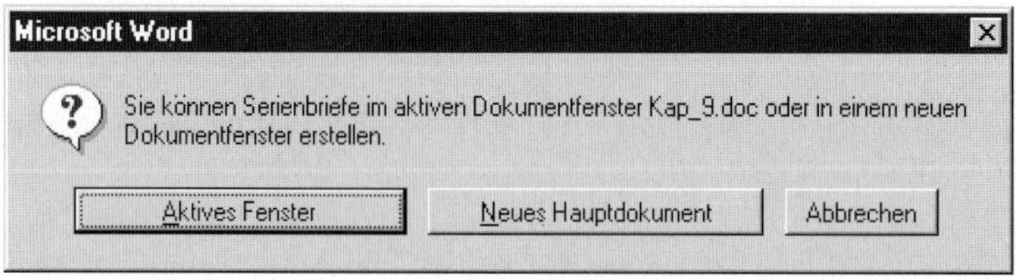

➢ **Ergebnis:**

Word öffnet ein neues leeres Dokument, welches für unseren Serienbrief verwendet werden soll.

9.3 Wie die Datenquelle entsteht

Im Folgenden müssen Sie erst einmal alle Daten erfassen, die in der Datenquelle gespeichert und dem Serienbrief zur Verfügung gestellt werden sollen.

➢ **Ziel:**

Sie können eine Datenquelle erstellen.

➢ **Lösung:**

1. Klicken Sie unter **2 Datenquelle** auf die Schaltfläche *Daten importieren.* Das möchten Sie zwar nicht tun, aber dahinter verbirgt sich der Befehl *Datenquelle erstellen...* Und genau diesen Befehl müssen Sie auch anklicken.

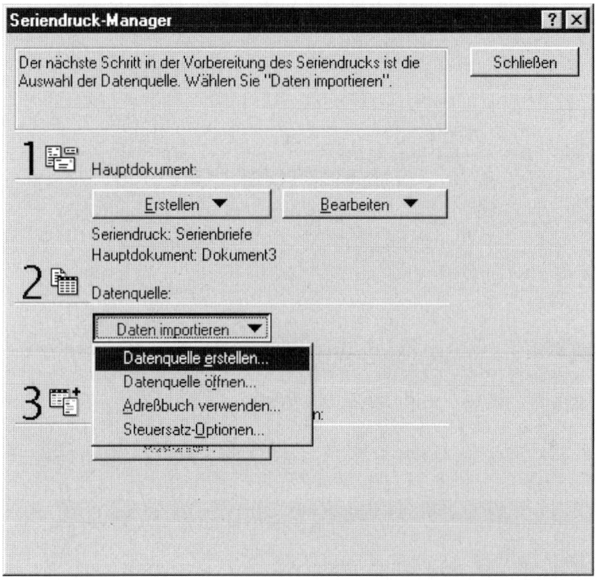

2. Im Dialogfeld *Datenquelle erstellen,* werden Ihnen Feldnamen vorgeschlagen. Ein Feldname ist die Bezeichnung einer Kategorie, die in der Datenquelle vorkommen kann. Feldnamen bzw. Kategorien sind z.B. Vorname, Name, usw.

   Als *Steuersatz* wird die erste Zeile der Datenquelle mit den Feldnamen bezeichnet.

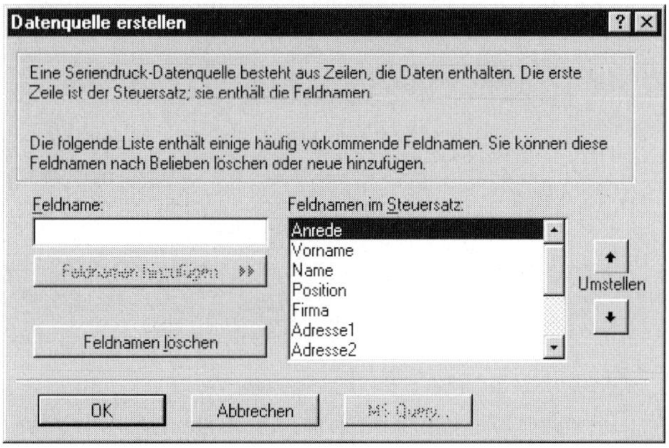

3. Einige Feldnamen in der Liste werden nicht benötigt. Klicken Sie in der Liste der Feldnamen z.B. auf den Eintrag *Position* und anschließend auf die Schaltfläche *Feldnamen löschen.* Löschen Sie auf diese Art auch die folgenden Feldnamen: *Firma, Adresse 1, Adresse 2, Land, Tel_privat* und *Tel_geschäftlich.*

4. Klicken Sie doppelt in das Eingabefeld *Feldname:* und geben Sie den Feldnamen *Straße* ein. Klicken Sie dann auf die Schaltfläche *Feldnamen hinzufügen* >>. Damit wird ein neuer Feldname der Liste hinzugefügt.
   Fügen Sie noch einen zweiten Feldnamen mit der Bezeichnung *Umsatz* hinzu.

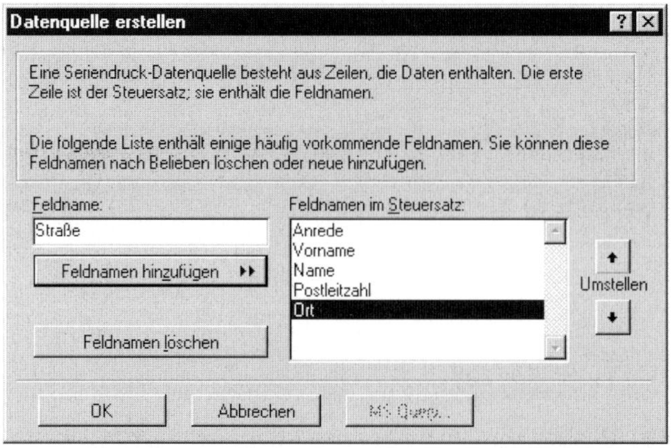

5. Klicken Sie im Bereich *Feldnamen im Steuersatz* auf *Straße.* Rechts im Dialogfeld sehen Sie einen Abwärts- und einen Aufwärtspfeil mit der Bezeichnung *Umstellen.* Klicken Sie so lange auf den Aufwärtspfeil, bis der Feldname *Straße* über dem Feldnamen *Postleitzahl* erscheint.
   Mit den Pfeilen können Sie also die Feldnamen in die gewünschte Reihenfolgen bringen.

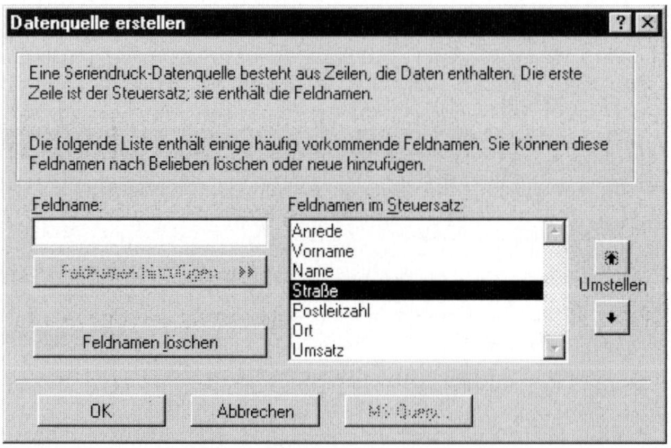

6. Klicken Sie auf die Schaltfläche *OK.*

7. *Word* blendet das Dialogfeld zum Speichern der Datenquelle ein. Geben Sie unter *Dateiname:* den Namen *Adressen* ein (Vorschlag!). Klicken Sie dann auf die Schaltfläche *OK*.

8. Im nachfolgendem Dialogfeld klicken Sie auf die Schaltfläche *Datenquelle bearbeiten*.

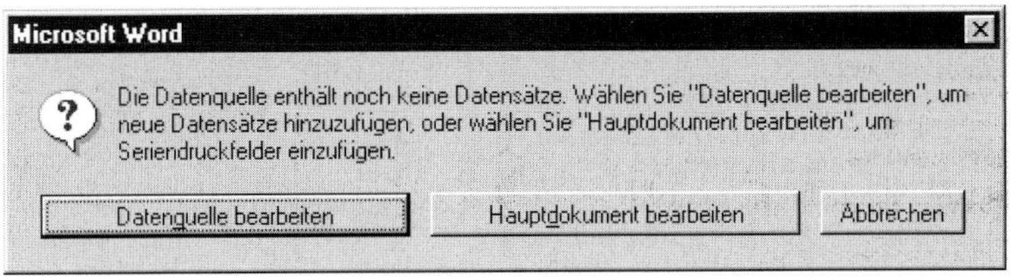

Sie erhalten dann die *Datenmaske*. Den Aufbau der Datenmaske können Sie mit einer Karteikarte vergleichen. Sie enthält die Feldnamen, die Sie vorhin ausgewählt bzw. eingegeben haben. Alle Feldnamen zusammen bilden einen Datensatz für eine Person.

Klicken Sie einfach in das weiße Feld neben *Anrede* und geben Sie den gewünschten Text ein.
Drücken Sie die <Enter>-Taste, um im nächsten Feld eine Eingabe vorzunehmen. Sie können alle Felder ausfüllen, müssen das aber nicht tun!

Wenn Sie das untere Feld *Umsatz* mit der <Enter>-Taste abschließen, wird automatisch ein neuer Datensatz für die nächste Person angelegt. Sie können aber auch auf die Schaltfläche *Neuer Datensatz* klicken.

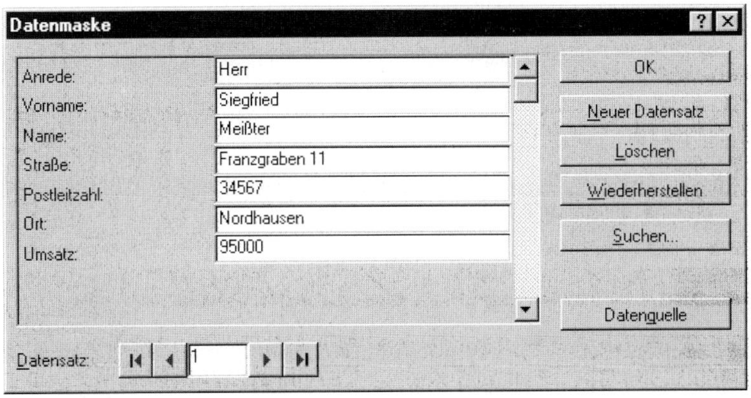

9. Nachdem Sie ein paar Datensätze erfasst haben, können Sie mit den Links- und Rechtspfeilen unten im Dialogfeld zu den bestehenden Datensätzen vor- oder zurückblättern. Sie können dann einfach in ein Eingabefeld doppelt klicken und noch eine Änderung vornehmen.

10. Wenn alle Datensätze erfasst sind, klicken Sie auf *OK*. Anschließend wird wieder das Hauptdokument angezeigt.

➢ **Ergebnis:**

Sie haben Adressinformationen in einer Datenquelle erstellt.

9.3 Wie die Daten in den Serienbrief kommen

Die zwei Symbolleisten von *Word* haben Zuwachs bekommen. In einer dritten Symbolleiste stehen nun alle wichtigen Funktionen zur Serienbrieferstellung zur Verfügung.

Sie müssen nun anstelle der „echten" Adressen die „Platzhalter" aus der Datenquelle platzieren. Immer, wenn Sie im Normalfall einen Vor- oder Nachnamen usw. tatsächlich schreiben würden, müssen Sie statt dessen ein *Seriendruckfeld* einfügen. Das ist weiter nichts, als ein Feldname aus Ihrer vorhin erstellten Datenquelle.

➢ **Ziel:**

Sie können Seriendruckfelder in Ihr Hauptdokument einfügen.

➢ **Lösung:**

1. Bewegen Sie die Einfügemarke an die Stelle im Hauptdokument, wo Sie mit der Anschrift beginnen möchten.
2. Klicken Sie in der neu eingeblendeten Symbolleiste auf *Seriendruckfeld einf.* und wählen Sie in der eingeblendeten Liste den Feldnamen *Anrede* aus.

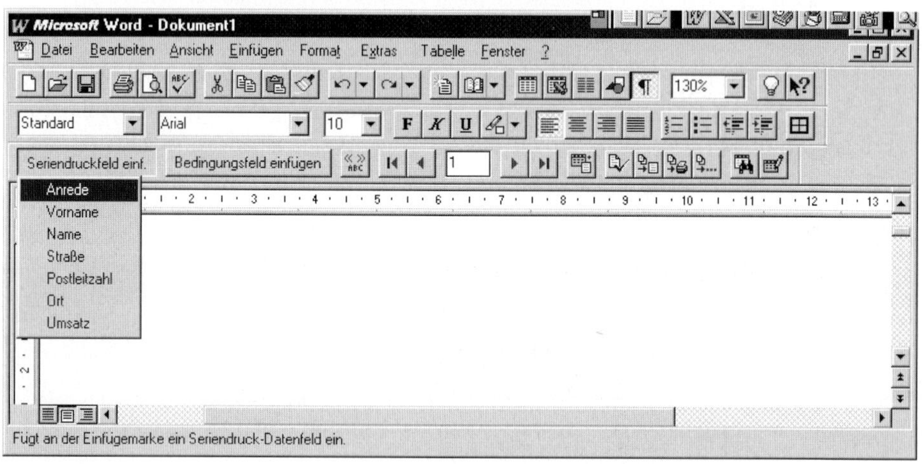

Die Liste wird daraufhin geschlossen. Im Text erscheint der Platzhalter **<<Anrede>>** in doppelten spitzen Klammern.

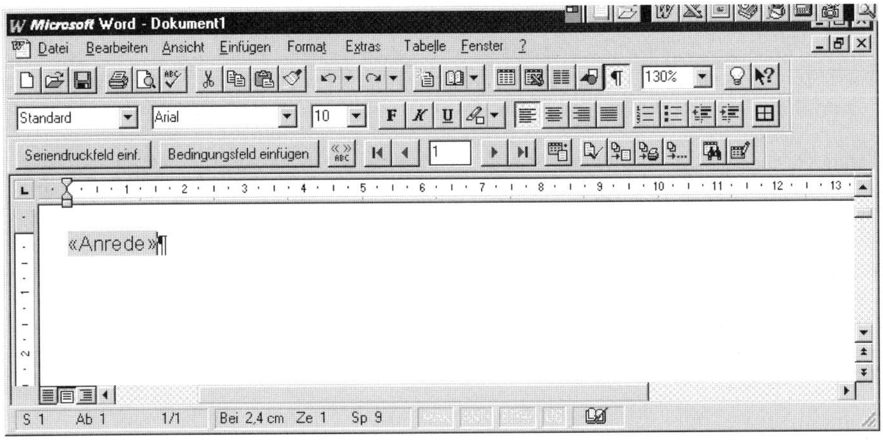

Der Platzhalter wird später im Serienbrief durch den entsprechenden Eintrag aus der Datenquelle ersetzt.

Platzhalter sind kein „gewöhnlicher“ Text, sondern *Felder* mit variablem Inhalt. Sie können nur als Ganzes markiert und dann aus dem Text gelöscht werden.

3. Drücken Sie hinter dem Platzhalter die <Enter>-Taste. Klicken Sie dann wieder auf *Seriendruckfeld einf.* und wählen Sie in der eingeblendeten Liste den Feldnamen *Vorname* aus.
4. Drücken Sie die <Leer>-Taste. Fügen Sie dann das nächste Seriendruckfeld *Name* ein.
5. Drücken Sie die <Enter>-Taste und fügen Sie das Seriendruckfeld *Straße* ein. Drücken Sie dann noch einmal die <Enter>-Taste.
6. Fügen Sie auf die beschriebene Weise noch die Felder *Postleitzahl* und *Ort* ein.

➢ **Ergebnis:**

Sie haben die komplette Adresse als Platzhalter eingefügt.

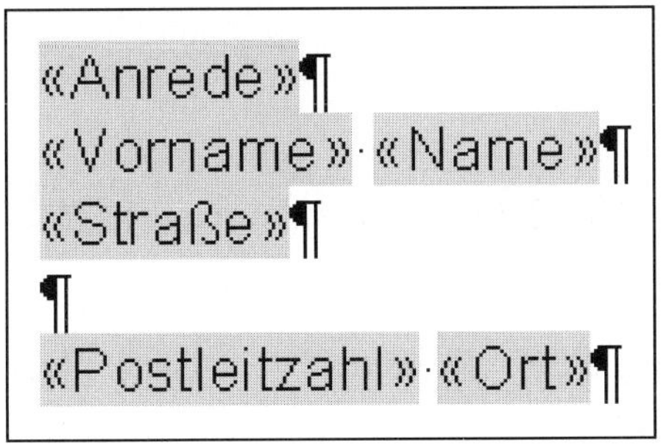

9.4 Fast schon intelligent - Die richtige Anrede kommt automatisch

Fügen Sie unter der Zeile *Postleitzahl / Ort* ein paar Leerzeilen ein und schreiben Sie dann den Text *Sehr geehrte*.

Der Text *Sehr geehrte* paßt nur zur Anrede *Frau*, nicht aber zur Anrede *Herr*. Doch das macht gar nichts. *Word* kann anhand des Feldes *Anrede* jederzeit ermitteln, ob es sich um einen Empfänger oder eine Empfängerin handelt. Handelt es sich um einen Empfänger, wird einfach hinter *Sehr geehrte* der Buchstabe *r* angehängt. Bei einer Empfängerin wird der Buchstabe nicht angehängt.

Realisiert wird so etwas durch das Einfügen von Bedingungsfeldern.

➢ **Ziel:**

Sie können ein Bedingungsfeld einfügen und die Bedingung formulieren.

➢ **Lösung:**

1. Bewegen Sie die Einfügemarke unmittelbar hinter *Sehr geehrte* und klicken Sie auf die Schaltfläche *Bedingungsfeld einfügen*. In der Liste wählen Sie die Bedingung *Wenn...Dann...Sonst.*

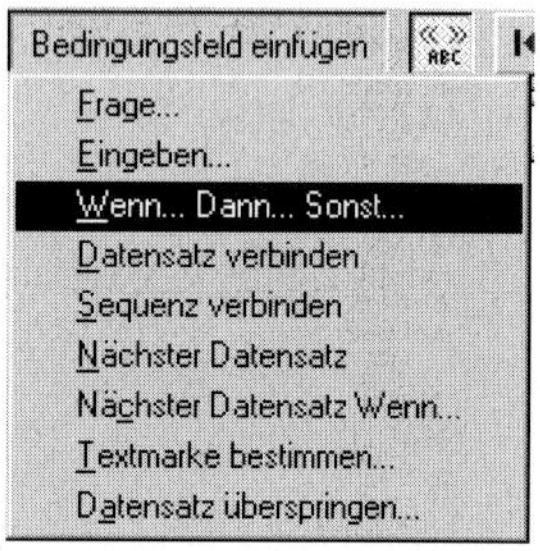

2. Das Bedingungsfeld *Wenn...Dann...Sonst...* kann umgangssprachlich so formuliert werden: *WENN* im Feld Anrede die Angabe *Herr* steht, *DANN* gib den Text *r* aus, *SONST* gebe keinen Text aus.
3. Im geöffneten Dialogfeld können Sie jetzt die Bedingung nach der folgenden Abbildung formulieren:

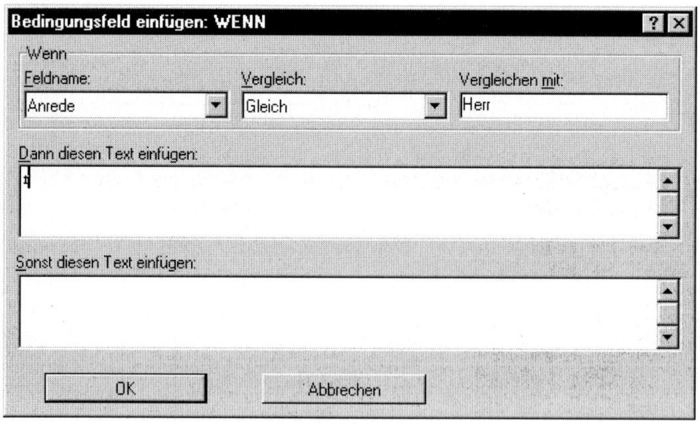

4. Klicken Sie auf die Schaltfläche *OK*.

➢ **Ergebnis:**

«Anrede»¶
«Vorname»·«Name»¶
«Straße»¶
¶
«Postleitzahl»·«Ort»¶
¶
¶
¶
¶
¶
Sehr·geehrter¶

Sie haben die Bedingungen formuliert und das Bedingungsfeld als neuen Platzhalter in Ihr Hauptdokument eingefügt.

Wenn Sie jetzt im Text den Buchstaben *r* sehen, deutet dieses auf die Anrede *Herr* hin. Erscheint kein Buchstabe, lautet die Anrede *Frau.*

➢ **Ziel:**

Sie können noch weitere Feldnamen als Platzhalter einfügen.

➢ **Lösung:**

1. Drücken Sie hinter dem *r* von *Sehr geehrte* die <Leer>-Taste.
2. Klicken Sie auf *Seriendruckfeld einf.* und wählen Sie den Eintrag *Anrede* aus.
3. Drücken Sie wieder die <Leer>-Taste und fügen Sie das Seriendruckfeld *Name* ein.

➢ **Ergebnis:**

Sie haben die vollständige Zeile mit der Anrede erstellt.

«Anrede»¶
«Vorname»·«Name»¶
«Straße»¶
¶
«Postleitzahl»·«Ort»¶
¶
¶
¶
¶
¶
Sehr·geehrter·«Anrede»·«Name»,¶

➢ **Hinweis:**

Wenn Sie die Platzhalter einschließlich der spitzen Klammern markieren, können Sie beliebige Formate zuweisen, z.B. einen Fettdruck.

Notizen

9 Ein Brief an alle - Serienbriefe erstellten

➢ **Ziel:**

Sie erstellen den Standardtext für jedes zu druckende Dokument und fügen weitere Felder ein, um zusätzliche Bedingungen zu formulieren.

➢ **Lösung:**

1. Geben Sie am Ende der Zeile mit der Anrede ein Komma ein und drücken Sie zweimal die <Enter>-Taste. Geben Sie dann folgenden Text ein:

   im Jahr 1996 haben Sie einen Umsatz von DM erzielt. Wir möchten Ihnen hierzu herzlich gratulieren.

   Zwischen den Worten *von* und *DM* müssen sich zwei Leerzeichen befinden.

2. Klicken Sie zwischen die Worte *von* und *DM.* Klicken Sie dann auf die Schaltfläche *Seriendruckfeld einf.* und wählen Sie aus der Liste den Feldnamen *Umsatz* aus.
3. Fügen Sie unter dem Satz zwei Leerzeilen ein.
4. Klicken Sie auf die Schaltfläche *Bedingungsfeld einfügen* und wählen Sie die Bedingung *Wenn...Dann...Sonst...*
5. Formulieren Sie nun die Bedingung für das Feld *Umsatz:*
   WENN der Umsatz *GRÖSSER ODER GLEICH* 95000 ist, *DANN* soll dem Kunden für zukünftige Bestellungen ein Sonderrabatt von 3% eingeräumt werden. *SONST* soll nur ein Hinweis auf den möglichen Sonderrabatt gegeben werden.

   Im Dialogfeld können Sie die folgenden Eintragungen vornehmen:

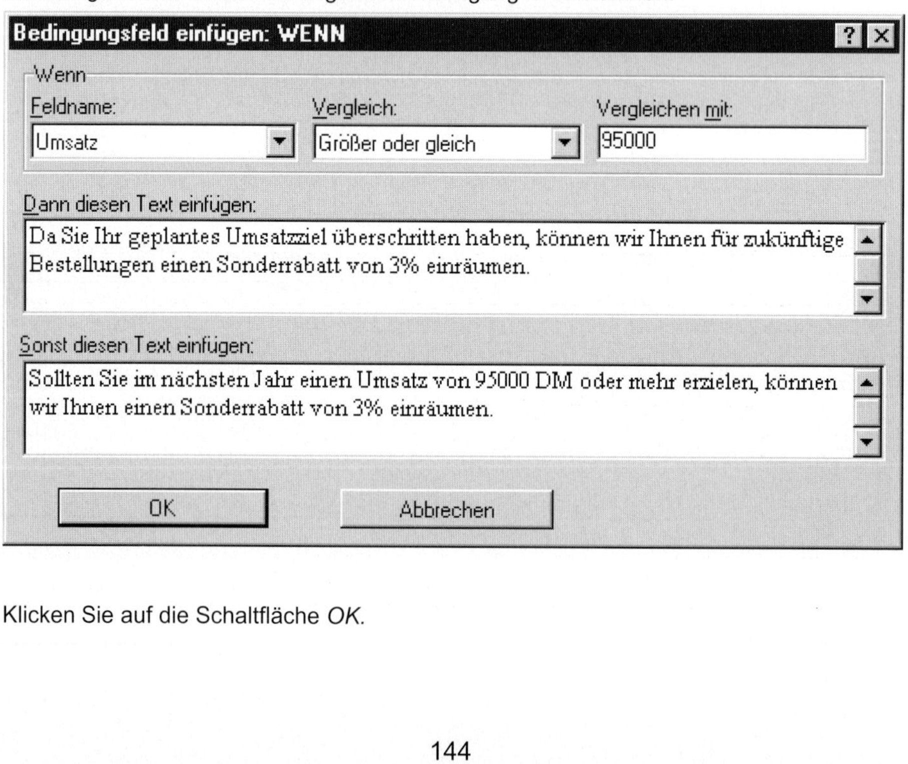

6. Klicken Sie auf die Schaltfläche *OK.*

➢ **Ergebnis:**

Word fügt entsprechend der zutreffenden Bedingung den jeweiligen Text ein.

«Anrede»¶
«Vorname»·«Name»¶
«Straße»¶
¶
«Postleitzahl»·«Ort»¶
¶
¶
¶
¶
¶
¶
Sehr·geehrter·«Anrede»·«Name»,¶
¶
im·Jahr·1996·haben·Sie·einen·Umsatz·von·«Umsatz»·DM·erzielt.·Wir·möchten·Ihnen·hierzu·herzlich·gratulieren.¶
¶
Da·Sie·Ihr·geplantes·Umsatzziel·überschritten·haben,·können·wir·Ihnen·für·zukünftige·Bestellungen·einen·Sonderrabatt·von·3%·einräumen.¶
¶

Notizen

9.5 Sicher ist sicher - Die Prüfmethode vor dem Druck

Bevor Sie drucken, sollten Sie das Hauptdokument auf Rechtschreibung prüfen und auch die Seriendruckfelder kontrollieren. Denn es ist sehr ärgerlich, wenn in vielleicht 100 Serienbriefen immer wieder derselbe Fehler vorkommt.

Wie die Rechtschreibprüfung funktioniert, haben Sie ja schon im Kapitel 7 kennengelernt. Nun sehen Sie sich nacheinander die Inhalte der Seriendruckfelder an.

➢ **Ziel:**

Sie können mit der Seriendruck-Vorschau umgehen.

➢ **Lösung:**

1.  Klicken Sie auf die Schaltfläche *Seriendruck-Vorschau.*
   Sie sehen dann nicht mehr die Platzhalter mit ihren spitzen Klammern, sondern die Informationen aus der Datenquelle. Und genau die erscheinen auch nachher im Ausdruck.

Frau¶
Martina·Schuhmann¶
Georg-August-Str.·33¶
¶
56789·Köln¶
¶
¶
¶
¶
¶
¶
Sehr·geehrte·Frau·Schuhmann,¶
¶
im·Jahr·1996·haben·Sie·einen·Umsatz·von·105000·DM·erzielt.·Wir·möchten·Ihnen·hierzu·herzlich·gratulieren.¶

2. 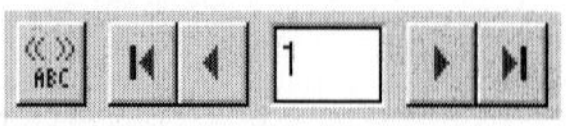

   Bewegen Sie sich durch die einzelnen Datensätze, indem Sie auf einen der Pfeile klicken, die sich rechts neben der Schaltfläche *Seriendruck-Vorschau* befinden.

   Die Ziffer zwischen den Pfeilen ist die Datensatznummer. Sie können auch einfach eine Ziffer eingeben, um direkt zu einer bestimmten Datensatznummer zu „springen".

9.6 ...und plötzlich entdecken Sie einen Fehler

Wenn Sie entdecken, dass in einer Anschrift die Hausnummer oder etwas Anderes nicht stimmt, können Sie noch vor dem Ausdruck den Fehler korrigieren.

➢ **Ziel:**

Sie können die Datenquelle korrigieren und mit neuen Feldern ergänzen.

➢ **Lösung:**

1.  Klicken Sie in der Seriendruck-Symbolleiste auf Datenquelle bearbeiten. Sie erhalten dann die Datenmaske eingeblendet. Bringen Sie darin den zu ändernden Datensatz zur Anzeige und führen Sie die entsprechenden Korrekturen durch.

   Bei der Gelegenheit können Sie auch gleich bei Bedarf einen oder mehrere Datensätze hinzufügen. Das geht mit Hilfe der Schaltfläche Neuer Datensatz. Und wenn Sie den angezeigten Datensatz nicht mehr benötigen, können Sie ihn mit der gleichnamigen Schaltfläche löschen.

2. Wenn Sie der Datenquelle ein neues Feld hinzufügen müssen, z.B. Telefon, klicken Sie auf die Schaltfläche Datenquelle.

3.  Word zeigt Ihnen in einer ganz normalen Tabelle die erfassten Daten an. In der neu eingeblendeten Symbolleiste klicken Sie auf Feldmanager.

4. Im Dialogfeld Feld-Manager geben Sie links oben Telefon ein und klicken auf die Schaltfläche Hinzufügen >> und dann auf OK.

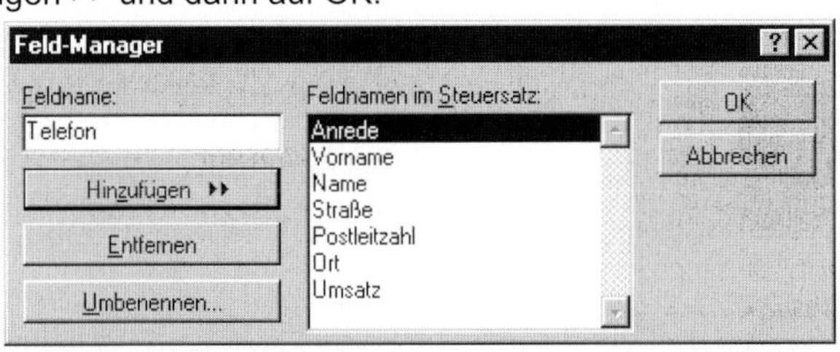

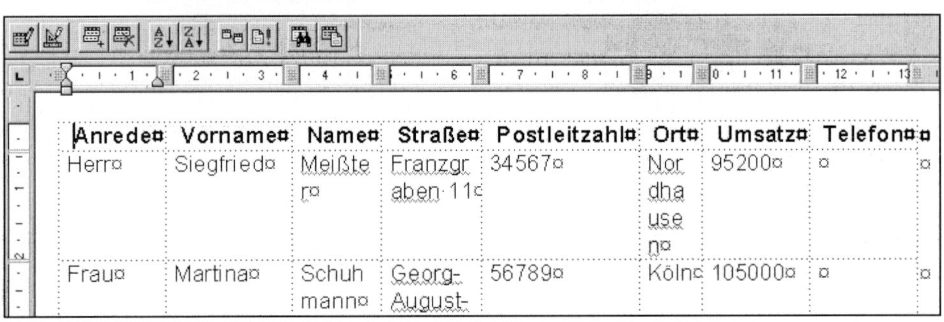

5.  Klicken Sie auf das Symbol Seriendruck-Hauptdokument, um auch genau dorthin zurückzukehren.

6.  Prüfen Sie vorsichtshalber noch einmal per Mausklick auf das Symbol *Seriendruck-Vorschau*, ob alles in Ordnung ist.

➢ **Ergebnis:**

Sie haben die Datenquelle bearbeitet und auf Fehler kontrolliert.

9.7 Der Ausdruck des fertigen Serienbriefes

Wenn alle Überprüfungen durchgeführt wurden und alles in Ordnung ist, können Sie den Seriendruck starten.

 Prüfen Sie, ob genügend Papier im Drucker liegt, schalten Sie ihn ein und klicken Sie in der Seriendruck-Symbolleiste auf *Ausgabe an Drucker*.

Im folgenden Dialogfeld können Sie die gewünschten Druckoptionen einstellen.

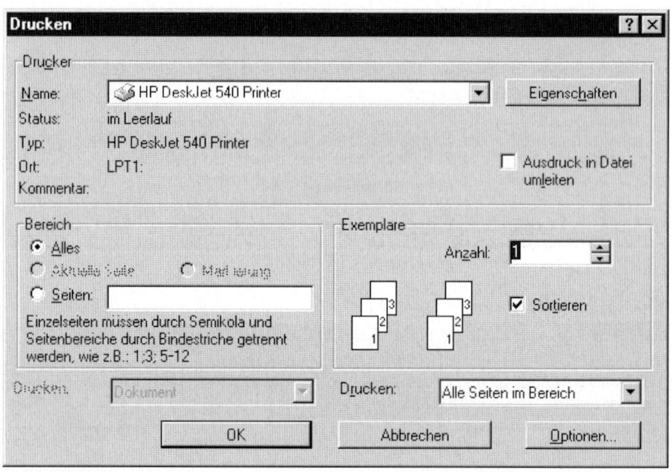

Notizen

9.8 Serienbriefe - Aber nicht an alle!

Nicht immer sollen Dokumente an alle Personen der Adressenliste (Datenquelle) geschickt werden. Sollen z.B. nur Personen aus Hannover oder im Postleitzahlenbereich 20000 bis 40000 einen Serienbrief erhalten, müssen Sie eine Abfrage durchführen.
In einer Abfrage werden bestimmte Kriterien definiert, anhand derer Word die gewünschten „Adresskarten“ heraussucht. Dieses wird auch als „Filtern“ bezeichnet.

➢ **Ziel:**

Sie können eine Abfrage zum Selektieren von Datensätzen durchführen. Sie befinden sich dabei im *Seriendruck-Hauptdokument* und haben bereits eine Datenquelle erstellt.

➢ **Lösung:**

1.  Klicken Sie in der Seriendruck-Symbolleiste auf Seriendruck.
2. Im Dialogfeld klicken Sie auf *Abfrage-Optionen*.
   In der Registerkarte *Datensätze filtern* definieren Sie die Abfrage.

   Beispiel: Es sollen nur Personen herausgesucht werden, die im Postleitzahlenbereich 20000 bis 30000 wohnen.

   Die umgangssprachliche Formulierung dafür lautet:

   Suche im Feld Postleitzahl nur die Daten, die GRÖSSER ODER GLEICH 20000 UND KLEINER ODER GLEICH 30000 sind.

   Die Vergleiche können Sie aus einer Liste auswählen, die nach einem Klick auf den Abwärtspfeil eingeblendet wird.

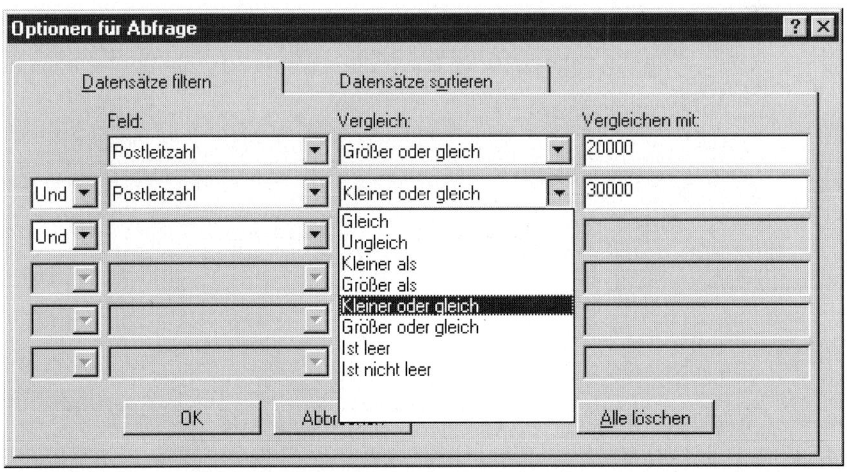

3. Klicken Sie auf OK und dann auf *Schließen*.

- **Ergebnis:**

Sie haben eine Abfrage mit bestimmten Bedingungen formuliert und können den Seriendruck für diese Datensätze wie gewohnt durchführen.

- **Hinweis:**

Eine Abfrage baut sich immer nach dem folgenden Schema auf:

Feldname	Vergleichsart	Vergleichszahl oder Vergleichstext

Beispiele für weitere Abfragen zeigt die folgende Tabelle:

Feldname	Vergleich	Vergleichen mit	Ergebnis
Name	Kleiner als	N	Es werden nur Datensätze einbezogen, deren Anfangsbuchstabe im Alphabet vor N steht (A-M).
Name	Ungleich	Bach	Es werden alle Datensätze einbezogen, deren Inhalt *nicht* Bach ist.
Umsatz	Größer oder gleich	100000	Es werden alle Datensätze einbezogen, deren Inhalt 100000 oder größer ist.

Im Beispiel des Kapitels 9.8 wurden die Bedingungen noch durch UND verknüpft. Bei einer solchen UND-Verknüpfung müssen **beide** eingegebenen Kriterien erfüllt sein, damit ein Datensatz ausgewählt wird.

Zusätzlich kann noch eine ODER-Verknüpfung angegeben werden. Hierbei muss mindestens **eine** der eingegebenen Kriterien zutreffen.

Beispiele für UND / ODER-Verküpfungen zeigt die folgende Tabelle:

Feldname	Verknüpfung	Vergleichen mit	Ergebnis
Land Stadt	 UND	Gleich „Deutschland“ UND Gleich „Göttingen“	Es werden nur die Datensätze ausgewählt, in deren Feld *Land* „Deutschland“ UND in deren Feld *Stadt* „Göttingen“ enthalten ist.
Land	ODER	Gleich „Deutschland“ ODER Gleich „Italien“	Es werden nur die Datensätze ausgewählt, in deren Feld *Land* „Deutschland“ ODER „Italien“ enthalten ist.

Notizen

10 Wie vom Abreißblock - Vorlagen und Formulare

So erstellen Sie eine besondere Tabelle für einen Briefkopf. Los geht's auf
Seite 153

Den Briefkopf mit Texten „füttern".
Seite 156

So bekommen Sie eine Falzmarke in den Brief.
Seite 157

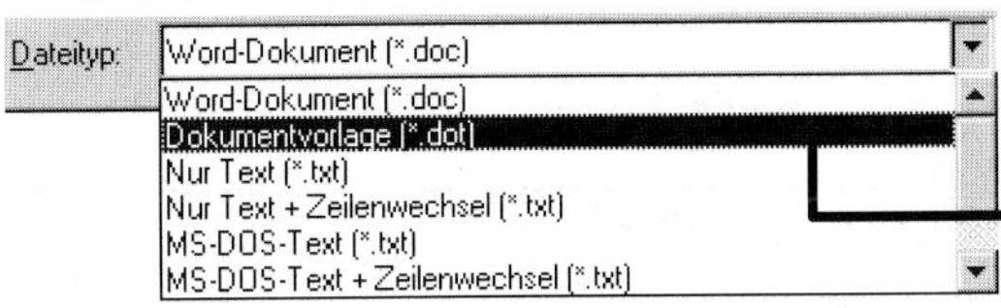

So wird aus einem normalen Dokument eine Vorlage.
Seite 158

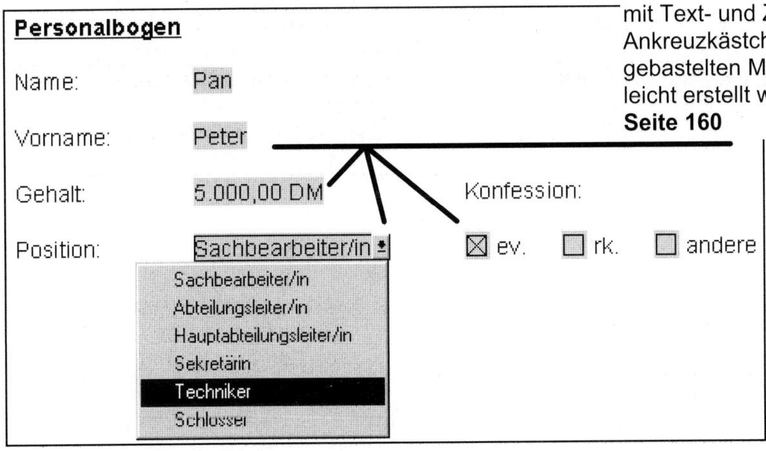

Formulare zur Datenerfassung mit Text- und Zahlenfeldern, Ankreuzkästchen und selbstgebastelten Menüs können leicht erstellt werden.
Seite 160

10 Wie vom Abreißblock - Vorlagen und Formulare

Erstellen Sie in nächster Zeit ein Dokument, sollten Sie sich fragen: Benötige ich ein solches Dokument öfter? Wenn Sie die Frage mit *Ja* beantworten können, sollten Sie daraus eine Vorlage erstellen.

Vorlagen sind eigentlich ganz normale Dokumente. Der Unterschied besteht jedoch darin, dass Sie eine Vorlage so oft Sie wollen vervielfältigen können. Es handelt sich also nicht nur um ein Dokument, sondern um einen „Abreißblock", von dem Sie immer wieder neue Blätter „abreißen" können.
Natürlich muss eine Vorlage erst einmal erstellt werden. Es müssen die Seitenränder eingestellt werden, die immer wieder benötigten Texte eingegeben und formatiert werden, eventuell Grafiken eingefügt werden, u.a.m. Alles, was Sie in Ihrem „normalen" Dokument tun würden, kommt auch in die Vorlage.

In diesem Kapitel wird zunächst eine Briefvorlage erstellt. Danach wird gezeigt, wie Sie die Funktionen zur Erstellung eines Formulars, z.B. mit Ankreuzkästchen, nutzen können.

10.1 Immer zuerst - Die Seite einrichten

➢ **Ziel:**

Sie können die Seitenränder für Ihre Vorlage einstellen.

➢ **Lösung:**

1. 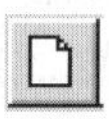 Öffnen Sie ein neues leeres Dokument durch einen Klick auf das Symbol *Neu.*
2. Wählen Sie das Menü *Datei / Seite einrichten...* und stellen Sie folgende Seitenränder ein:
   - Oben: 0,5 cm,
   - Unten: 2 cm,
   - Links: 2,5 cm,
   - Rechts: 2,75 cm.
3. Klicken Sie auf *OK.* Wenn Sie das folgende Dialogfeld erhalten, kann Ihr Drucker nicht so weit bis an die Ränder drucken. Klicken Sie in diesem Fall auf die Schaltfläche *Korrigieren. Word* stellt dann automatisch die richtigen Maße ein.

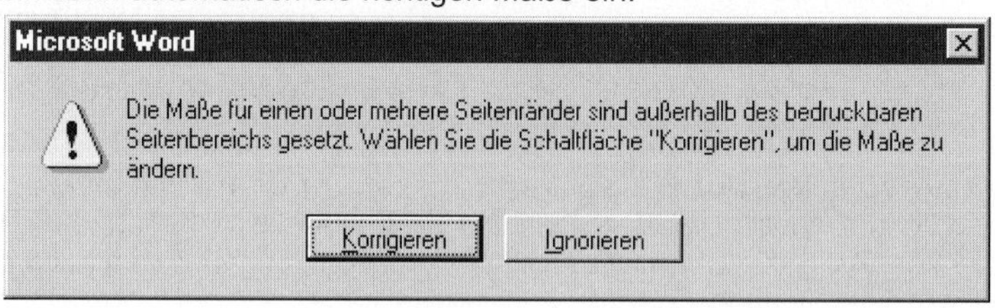

Prüfen Sie dann, welche Maße verändert wurden. Schreiben Sie sich die geänderten Maße auf und klicken Sie dann noch einmal auf *OK.*

10.2 Eine Tabelle für den Briefkopf

Im nächsten Schritt können Sie den Briefkopf erstellen. Das gelingt vor allem durch die komfortablen Tabellenfunktionen von *Word*, die Sie vielleicht schon in Kapitel 4.9 kennengelernt haben.

Der gesamte Briefkopf wird über eine Tabelle erstellt, in der die Spaltenbreiten und Zeilenhöhen auf feste Maße eingestellt werden. In die Tabelle werden dann die Absenderzeile, das Anschriftenfeld und die Bezugszeile aufgenommen.

➢ **Ziel:**

Sie können eine Tabelle für den Briefkopf erstellen.

➢ **Lösung:**

1. Wählen Sie das Menü *Tabelle / Tabelle einfügen...* Geben Sie im Dialogfeld die Spaltenanzahl mit *4* und die Zeilenanzahl mit *5* ein. Klicken Sie dann auf *OK.*
2. Stellen Sie unterschiedliche Spaltenbreiten für die Tabelle ein: Halten Sie die<Alt>-Taste gedrückt und klicken Sie irgendwo in die erste Spalte. Wenn diese markiert ist, wählen Sie das Menü *Tabelle / Zellenhöhe- und -breite...* Auf der Registerkarte *Spalte* geben Sie im Feld *Breite der Spalte 1:* den Wert *5 cm* ein.

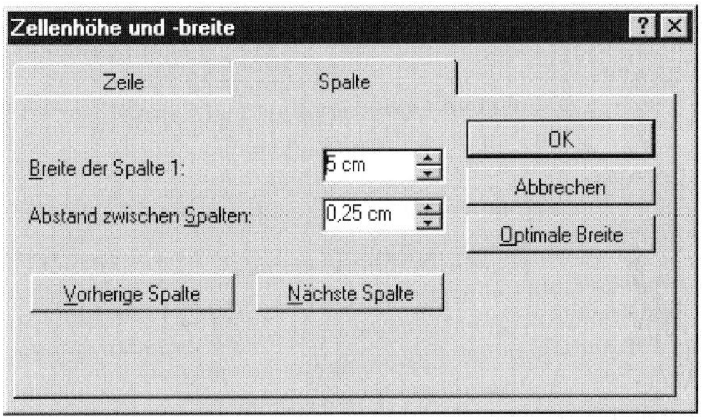

3. Klicken Sie dann auf die Schaltfläche *Nächste Spalte* und geben Sie für die Spalte 2 ebenfalls eine Breite von 5 cm ein.
4. Verfahren Sie ebenso für die Spalte 3. Diese erhält eine Breite von *2,5 cm.* Die vierte Spalte stellen Sie auf eine Breite von *4 cm.*
5. Klicken Sie auf *OK*, damit das Dialogfeld geschlossen und die Breite der Spalten geändert wird.
6. Damit alle Abstände immer gleichbleiben - egal wie viele Zeilen in einer Tabellenzelle stehen - müssen die Zeilenhöhen fixiert werden: Markieren Sie die erste Tabellenzeile, indem Sie links neben die Zeile klicken. In diese Zeile kommt später Ihre Anschrift und eventuell ein Firmenlogo.

7. Wählen Sie das Menü *Tabelle / Zellenhöhe- und -breite...* Auf der Registerkarte *Zeile* stellen Sie unter *Höhe der Zeile 1* den Eintrag von *Automatisch* auf *Genau*. Im Feld *Maß* geben Sie *4 cm* ein. Die Einheit *cm* müssen Sie unbedingt eingeben, damit *Word* die Eingabe nicht als *pt* (Punkt) interpretiert.

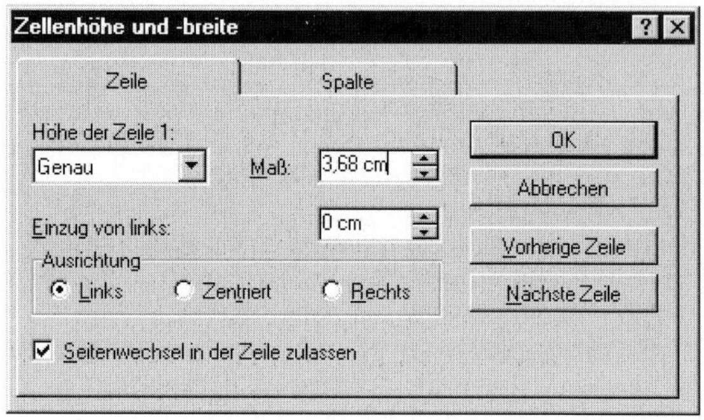

Das Maß für die Höhe der Zeile 1 ist abhängig von der Position der Zeile 2. In der Zeile 2 steht nachher Ihr Absender. Steht diese Zeile genau 4,5 cm vom oberen Seitenrand entfernt, ist sie später in einem Fensterumschlag zu sehen.

Und so errechnen Sie das Maß für die Zeile 1: Ziehen Sie einfach von den 4,5 cm das Maß für den oberen Seitenrand ab (siehe Ihre Einstellungen im Dialogfeld *Seite einrichten...).* Eventuell stimmt dann das Maß nicht mit der oben gezeigten Abbildung überein.

8. Klicken Sie auf die Schaltfläche *Nächste Zeile*. Ändern Sie wieder den Eintrag auf *Genau* und geben Sie für die Zeile 2 eine Höhe von *0,5 cm* ein.

9. Gehen Sie zur nächsten Zeile und stellen Sie eine Höhe von genau *4,5 cm* ein. In dieser Zeile steht später die Anschrift des Briefempfängers.

10. Alle übrigen Zeilen brauchen nicht eingestellt werden. Klicken Sie deshalb auf *OK*.

➢ **Ergebnis:**

➢ Ziel:

Sie können die erste Tabellenzeile von jetzt vier Zellen in drei Zellen ändern. In der linken Zelle soll dann der Firmenname stehen, in der mittleren Zelle eine Grafik und in der rechten Zelle die Firmenanschrift mit Telefon- und Fax-Nummer. Außerdem fassen Sie die beiden ersten Zellen der zweiten und dritten Zeile zu jeweils einer Zelle zusammen, um für den Absender und die Anschrift genügend Platz zu haben.

➢ Lösung:

1. Markieren Sie die erste Zeile der Tabelle. Wählen Sie dann das Menü *Tabelle / Zellen verbinden...*
2. Lassen Sie die Markierung bestehen und wählen Sie das Menü *Tabelle / Zellen teilen...* Im Dialogfeld geben Sie die Spaltenanzahl *3* ein. Klicken Sie dann auf *OK*.

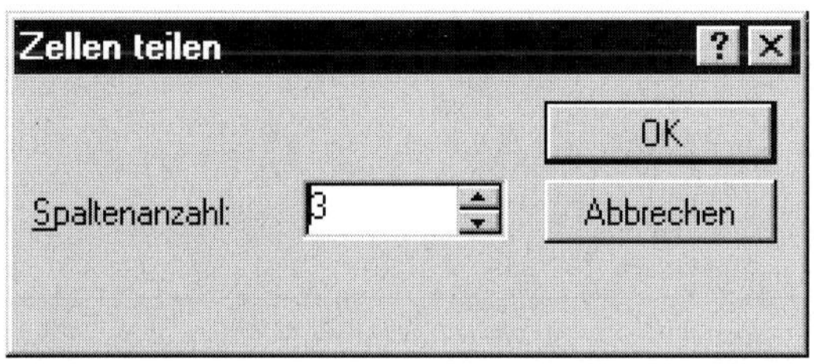

3. Markieren Sie jeweils die linke und mittlere Zelle der Zeilen 2 und 3. Wählen Sie dann das Menü *Tabelle / Zellen verbinden...*, um Sie zu jeweils einer Zelle zu verbinden.

➢ Ergebnis:

So sollte jetzt die Tabelle aussehen:

10.3 Den Briefkopf mit Texten füttern

➢ **Ziel:**

Sie können die Texte für den Briefkopf erstellen und verschiedene Formatierungen zuweisen. Außerdem können Sie in den Briefkopf eine Grafik einfügen.

➢ **Lösung:**

1. Geben Sie die Texte nach der nächsten Abbildung ein. Bei der Telefon- und Faxnummer achten Sie darauf, dass diese - von rechts beginnend - in Zweiergruppen stehen.
2. Weisen Sie den Texten anschließend verschiedene Formatierungen zu, z.B. Schriftgröße, rechtsbündige Ausrichtung oder andere Gestaltungsmerkmale nach Ihrer Wahl.
3. In die mittlere Zelle fügen Sie über das Menü *Einfügen / Grafik...* die Grafik *Computer* ein. Die Grafik können Sie zentrieren und etwas vergrößern (siehe auch Kap. 6.3).
4. Die Absenderzeile formatieren Sie in Schriftgrad *8* und mit einer unteren Rahmenlinie (Menü *Format / Rahmen und Schattierung...).*
5. Sonderzeichen fügen Sie mit dem Menü *Einfügen / Sonderzeichen...* (s. Kap. 4.8) ein.
6. Die Bezugszeile mit *Ihr Zeichen, Ihre Nachricht* usw. formatieren Sie in Schriftgrad *8.*
7. Das aktuelle Datum sollten Sie mit *Einfügen / Datum und Uhrzeit...* als Feld (veränderbare Information) einfügen. Das ist praktisch, weil Sie dann beim späteren Öffnen der Vorlage immer das aktuelle Datum im Brief stehen haben.

➢ **Ergebnis:**

PC-Profi¶ ¤	 ¤	Groner·Str.·22¶ **34349·Göttingen¶** ¶ Telefon·(0·23·45)·6·78·90··00¶ Fax·(0·23·45)·6·78·90·22¶ ¤

PC-Profi·◆·Groner·Str.·22·◆·34349·Göttingen¤		¤	¤
¶ ¶ Herr¶ Peter·Paulus¶ Wolkenweg·34¶ ¶ **34349·Göttingen¶** ¤		¤	¤
Ihr·Zeichen,·Ihre·Nachricht·vom¤	Unser·Zeichen,·unsere·Nachricht·vom¤	☎(0·23·45)¤	Göttingen,¤
QWERTZ·/·96¤	WR·/·SD¤	8765-22¤	12.11.96¤

¶

10.4 So bekommen Sie eine Falzmarke in den Brief

Geschäfts- und Privatbriefe in einem Fensterumschlag (Größe DL) zu verschicken ist praktisch. Spart man sich doch einen extra Adressaufkleber. Damit die Anschrift auch an der richtigen Stelle und später im Fenster des Umschlags zu lesen ist, muss die Anschrift an einer bestimmten Stelle im Brief stehen. Das haben Sie im Kapitel 10.3 ja bereits gelöst. Der Brief braucht jetzt nur noch gefaltet werden. Aber an welcher Stelle genau?

Eine Strichmarkierung - Falzmarke - am Seitenrand kann da sehr hilfreich sein. Wie Sie eine Falzmarke in den Brief bekommen, erfahren Sie in diesem Kapitel.

➢ **Ziel:**

Sie können eine Falzmarkierungen in Ihren Brief eintragen, um die Knickstelle leicht zu erkennen.

➢ **Lösung:**

1. Prüfen Sie, ob im Dokument nichts markiert ist.
2. Wählen Sie das Menü *Datei / Seite einrichten... / Registerkarte Seitenränder.*
3. Tragen Sie im Feld für den Seitenrand *Oben* den Wert *-1 cm* ein.
4. Im Bereich *Abstand vom Seitenrand* tragen Sie unter *Kopfzeile* den Wert *10 cm* ein.
5. Klicken Sie auf die Schaltfläche *OK.*
6. Wählen Sie das Menü *Ansicht / Kopf- und Fußzeile.*
7. In der Kopfzeilenansicht tragen Sie für die Falzmarkierung einen Strich ein. Dazu drücken Sie die Tastenkombination <Alt Gr> + <–> (Minuszeichen auf dem Zahlenblock der Tastatur).
8. Klicken Sie in der Symbolleiste *Kopf- und Fußzeile* auf die Schaltfläche *Schließen.*
9. Klicken Sie in der Symbolleiste auf *Seitenansicht.* Sie können dann die Falzmarke und deren Position gut erkennen.

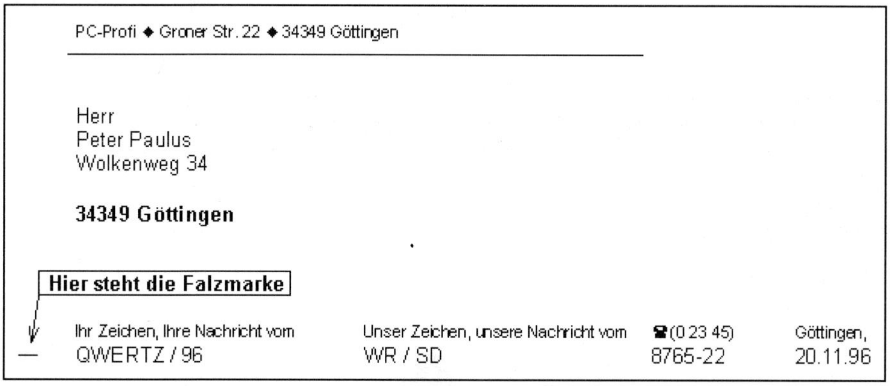

PC-Profi ◆ Groner Str. 22 ◆ 34349 Göttingen

Herr
Peter Paulus
Wolkenweg 34

34349 Göttingen

Hier steht die Falzmarke

Ihr Zeichen, Ihre Nachricht vom	Unser Zeichen, unsere Nachricht vom	☎(0 23 45)	Göttingen,
QWERTZ / 96	WR / SD	8765-22	20.11.96

10. Schalten Sie Ihren Drucker ein, prüfen Sie ob Papier eingelegt ist und klicken Sie in der Symbolleiste auf *Drucken.*

10.5 Wie aus dem Dokument eine Vorlage wird

Sie haben jetzt Ihren Briefkopf in einer Tabelle erstellt und eine Falzmarke eingefügt. Vielleicht fügen Sie noch eine Anrede ein, die zukünftig auf jedem Brief erscheinen soll. Wenn Sie jedoch keinen zusätzlichen Text mehr benötigen, können Sie jetzt den Brief als Vorlage speichern. Kontrollieren Sie aber vorher noch einmal, ob sich keine Schreibfehler eingeschlichen haben.

➢ Ziel:

Sie können ein Dokument als Vorlage speichern.

➢ Lösung:

1. Wählen Sie das Menü *Datei / Speichern unter...*
2. Geben Sie im Dialogfeld im Feld *Dateiname* den Namen der Vorlage an, z.B. *Briefvordruck* oder *Brief Geschäft* oder einen anderen Namen, der Ihnen sinnvoll erscheint.
3. Klicken Sie am Feldende von *Dateityp* auf den schwarzen Abwärtspfeil und wählen Sie aus der Liste den Eintrag *Dokumentvorlage (*.dot).*

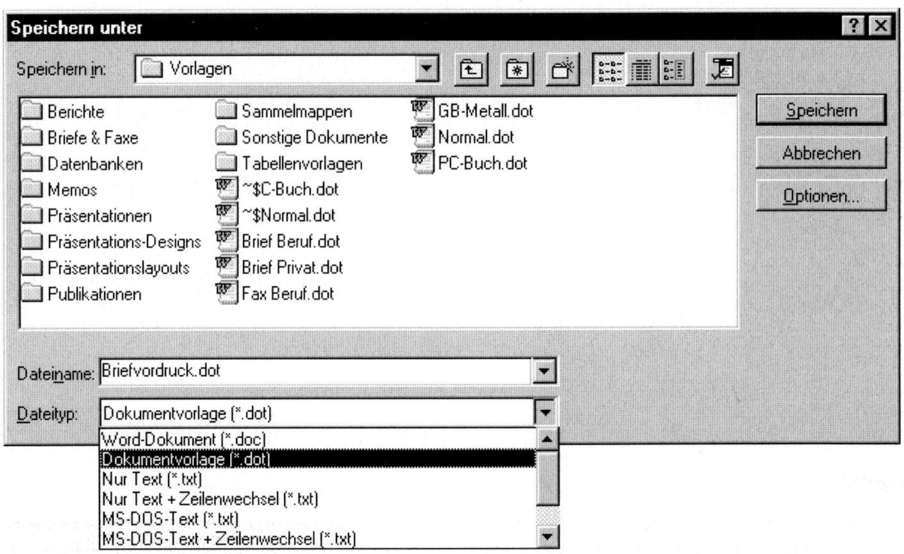

4. Klicken Sie auf die Schaltfläche *OK.*

➢ Ergebnis:

Sie haben eine Dokumentvorlage erstellt, von der Sie beliebig oft Kopien erzeugen können.

10.6 Eine Kopie der Vorlage erstellen

Wählen Sie zunächst das Menü *Datei / Schließen.* Damit wird das Dokument vom Bildschirm verbannt.

➢ Ziel:

Sie können eine Kopie der im Kapitel 10.5 erstellten Vorlage anfertigen.

➢ Lösung:

1. Wählen Sie das Menü *Datei / Neu...*
2. Klicken Sie in der Registerkarte *Allgemein* auf das Symbol, welches den Namen der vorhin gespeicherten Vorlage trägt.

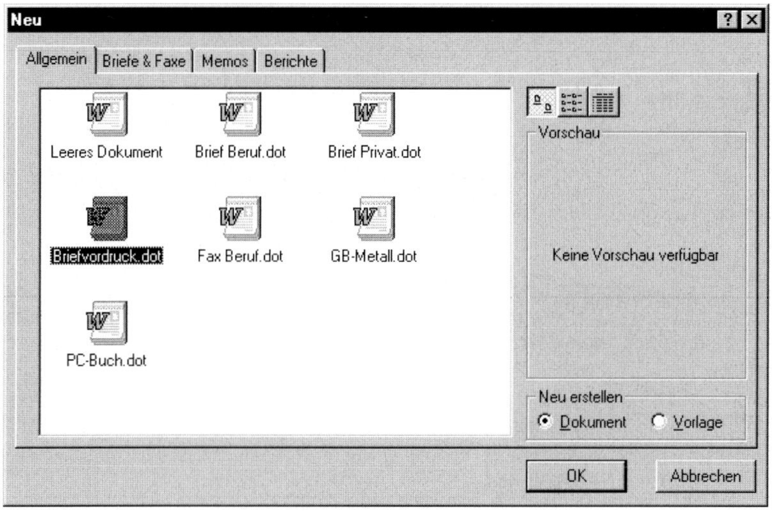

3. Klicken Sie dann auf die Schaltfläche *OK.*

➢ Ergebnis:

Word zeigt eine Kopie der Vorlage an (das Original befindet sich immer noch auf der Festplatte Ihres Rechners). Die Kopie kann jetzt geändert und ergänzt werden. Danach können Sie den Brief als normales Dokument speichern und drucken.

Notizen

10.7 Jeder kennt sie, kaum einer mag sie - Formulare

Formulare sind ja oft nichts anderes, als tabellarische Aufstellungen, in denen nur bestimmte Einträge vorgenommen werden. Mit einem Formular haben Sie wahrscheinlich einmal im Jahr auch zu tun: Dem Formular zur Steuererklärung!

Wie Sie am PC und mit *Word* ein Formular zur Datenerfassung erstellen, erfahren Sie in diesem Kapitel. Als Beispiel dient ein Personalbogen, der bestimmte Formular-Felder enthält. Mit Hilfe dieser Felder kann die Datenerfassung automatisiert werden. Vielleicht können Sie dieses Beispiel ja als Anregung für andere Formulare gut gebrauchen.

Was aber genau sind nun Formular-Felder? In einem Feld sammeln Sie Benutzerinformationen an einer bestimmten Stelle in Ihrem Dokument. Ein Feld kann z.B. den Namen *Abteilung* tragen. Dieser Name ist immer konstant, der Inhalt des Feldes jedoch nicht. Bei einer Person steht *Personalabteilung* und bei der anderen Person vielleicht *Werkstatt*.
Für unterschiedliche Zwecke gibt es drei verschiedene Felder:

- das **Text-Formularfeld**,
- das **Kontrollkästchen-Formularfeld** und
- das **Dropdown-Formularfeld**.

Wie diese in einem Formular aussehen, zeigt die folgende Abbildung:

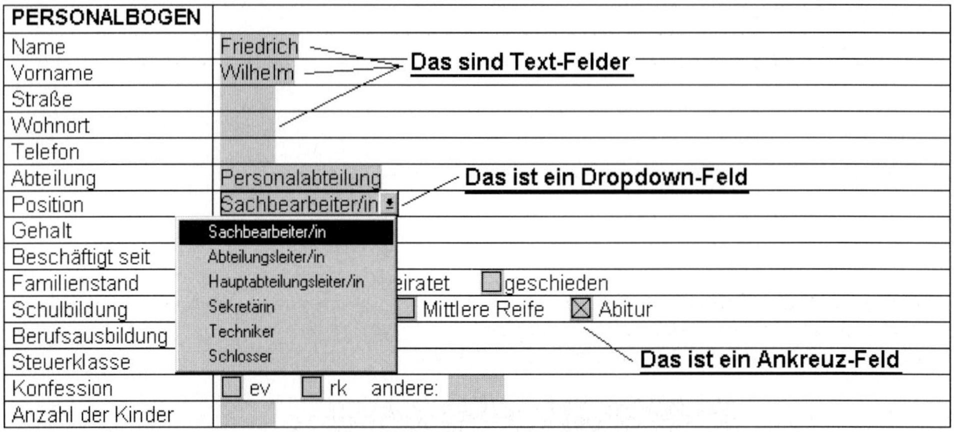

In Text-Formularfeldern geben Sie beliebige Texte ein oder lassen vordefinierte Texte anzeigen. In ein Kontrollkästchen-Formularfeld klicken Sie, um darin ein Kreuz einzusetzen. Die angekreuzte Option trifft dann zu.
Ein Dropdown-Formularfeld öffnet eine Liste, aus der Sie wie aus einem Menü einen passenden Eintrag per Mausklick auswählen können. Dieser erscheint dann im Formular.

Bevor Sie mit den Formularfeldern arbeiten, öffnen Sie ein neues leeres Dokument mit einem Klick auf das Symbol *Neu.* Im Menü *Extras / Optionen /* Registerkarte *Ansicht* wählen Sie unter *Feldschattierung* die Option *Immer* und schließen mit *OK.*
Erstellen Sie dann eine Tabelle. Diese soll drei Spalten und 16 Zeilen erhalten. Die linke Spalten soll 1,3 cm, die mittlere 4 cm und die rechte 11 cm breit sein. Zum Einstellen der Spaltenbreite klicken Sie in die linke Spalte und wählen das Menü *Tabelle / Spalte markieren.* Aus dem gleichen Menü wählen Sie dann *Zellenhöhe und -breite...* (siehe auch Kapitel 10.2).

Anschließend füllen Sie die Tabelle nach dem folgenden Muster aus:

	PERSONALBOGEN	
1	Name	
2	Vorname	
3	Straße	
4	Wohnort	
5	Telefon	
6	Abteilung	
7	Position	
8	Gehalt	
9	Beschäftigt seit	
10	Familienstand	
11	Schulbildung	
12	Berufsausbildung	
13	Steuerklasse	
14	Konfession	
15	Anzahl der Kinder	

➢ **Ziel:**

Sie können Textfelder einfügen und bestimmte Optionen zuweisen.

➢ **Lösung:**

1. Wählen Sie das Menü *Ansicht / Symbolleisten...* Klicken Sie im Dialogfeld auf den Eintrag *Formular* und dann auf die Schaltfläche *OK.*
   Word blendet dann die Symbolleiste *Formular* ein.

2. Klicken Sie in die Zelle rechts neben *Name* und dann in der Symbolleiste auf
    *Text-Formularfeld. Word* fügt ein graues Feld ein, welches Sie später mit beliebigem Text füllen können.

3. Wiederholen Sie Schritt 2, z.B. für die Zellen rechts neben *Vorname*, *Straße*, *Wohnort* u.s.w.
4. Klicken Sie in die Zelle rechts neben *Gehalt* und fügen Sie wieder ein *Text-Formularfeld* ein.
5. Klicken Sie dann auf das Symbol *Formularfeld-Optionen*  und füllen Sie das Dialogfeld nach der folgenden Abbildung aus. Klicken Sie dann auf *OK*.

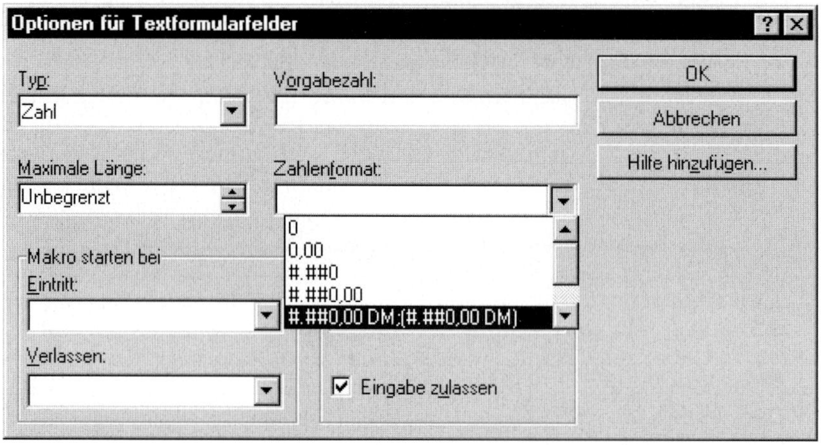

Wenn im Feld *Typ* der Eintrag *Zahl* und im Feld *Zahlenformat* der Eintrag *DM* ausgewählt wurde, erscheint eine eingebene Zahl, z.B. 5000, automatisch in folgender Schreibweise: *5.000,00 DM.*

➢ **Ziel:**

Sie können ein Dropdown-Formularfeld einfügen und ihm Eintragungen zuweisen.

➢ **Lösung:**

1.  Klicken Sie in die Zelle rechts neben dem Feld *Abteilung* und dann in der Formular-Symbolleiste auf *Dropdown-Formularfeld*.

2.  Anschließend klicken Sie auf *Formularfeld-Optionen*. Hier tragen Sie die Texte ein, die Sie später durch anklicken des Dropdown-Feldes auswählen wollen.

3. Geben Sie im Feld *Dropdown-Element* den Abteilungsnamen *Einkauf* ein und klicken Sie auf die Schaltfläche *Hinzufügen*. Der Eintrag wird in die mittlere Liste aufgenommen. Auf diese Art können Sie weitere Elemente hinzufügen.
4. Mit Hilfe der schwarzen Pfeilen können Sie die Reihenfolge der Einträge *Umstellen*.
5. Klicken Sie zum Schluss auf die Schaltfläche *OK*.

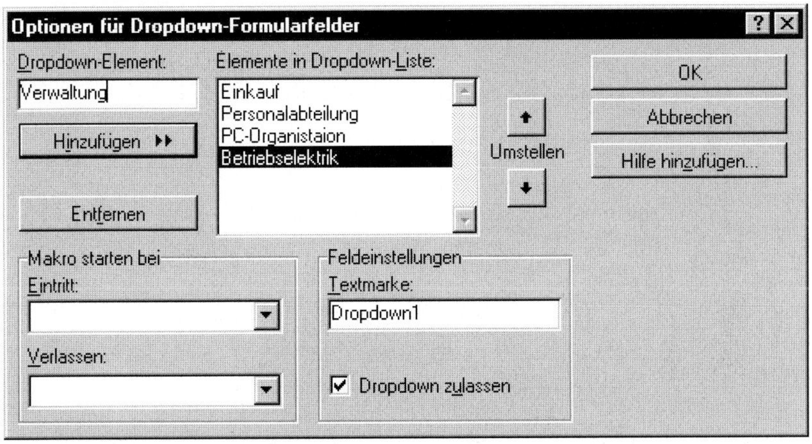

6. Geben Sie bei Bedarf weitere *Dropdown-Formularfelder* ein, z.B. für die Felder *Position (Sachbearbeiter, EDV-Referent, Abteilungsleiter, Maschinenbediener.)* oder *Schulbildung (Gymnasium, Handelsschule).*

➢ Ziel:

Sie können *Kontrollkästchen-Formularfelder* einfügen.

➢ Lösung:

Klicken Sie in die Zelle rechts neben *Familienstand*. Klicken Sie in der Symbolleiste auf *Kontrollkästchen-Formularfeld,* drücken Sie einmal die <Leer>-Taste und geben Sie den Text *ledig* ein.
Drücken Sie mehrmals die <Leer>-Taste und fügen Sie ein weiteres Kontrollkästchen ein. Diesem hängen Sie dann die Benennung *verheiratet* an. Ein weiteres Kontrollkästchen erhält die Benennung *geschieden*.

10	Familienstand	☐ ledig ☐ verheiratet ☐ geschieden

✎ Notizen

➢ **Ergebnis:**

So könnte das Formular aussehen, wenn Sie noch weitere Felder eingefügt haben:

	PERSONALBOGEN	
1	Name	
2	Vorname	
3	Straße	
4	Wohnort	
5	Telefon	
6	Abteilung	Einkauf
7	Position	Sachbearbeiter
8	Gehalt	
9	Beschäftigt seit	
10	Familienstand	☐ ledig ☐ verheiratet ☐ geschieden
11	Schulbildung	Grundschule
12	Berufsausbildung	
13	Steuerklasse	☐ 1 ☐ 2 ☐ 3 ☐ 4 ☐ 5 ☐ 6
14	Konfession	☐ ev ☐ rk ☐ andere
15	Anzahl der Kinder	0

10.8 So benutzen Sie das elektronische Formular

1. Wählen Sie das Menü *Extras / Dokument schützen.* Klicken Sie im Dialogfeld auf die Option *Formulareingabe*. Damit wird das Formular vor dem unbeabsichtigten Ändern geschützt, kann aber in den Formularfeldern ausgefüllt werden. Bestätigen Sie mit *OK*.

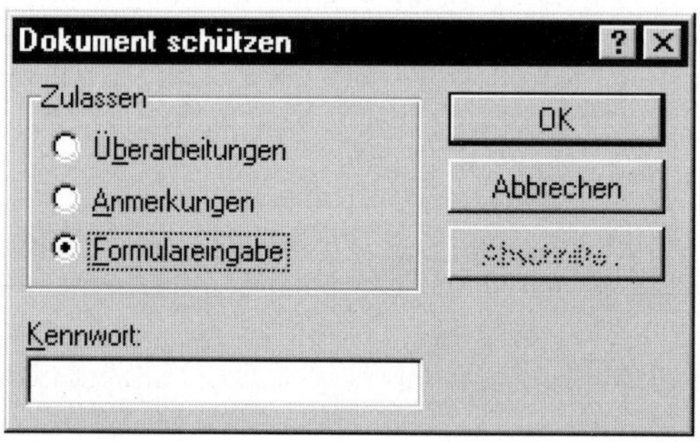

2. Wählen Sie das Menü *Datei / Speichern unter...*, wählen Sie den Speicherort auf Ihrer Festplatte, vergeben Sie einen Dateinamen (z.B. Personalbogen) und wählen Sie unter *Dateityp* den Eintrag *Dokumentvorlage (*.dot)*.

   Diese Vorgehensweise ist genau so, wie sie bereits im Kapitel 10.5 beschrieben wurde.

3. Schließen Sie Ihr Formular und holen Sie sich eine Kopie des soeben gespeicherten Formulars auf den Bildschirm: Wählen Sie dazu das Menü *Datei / Neu...* und wählen Sie mit einem Doppelklick das Formular aus.
4. Im Formular können Sie jetzt keine Änderungen vornehmen, aber natürlich die verschiedenen Felder ausfüllen: Klicken Sie einfach in ein graues Formularfeld und geben Sie den gewünschten Text ein.
5. Klicken Sie auf ein Dropdown-Feld, können Sie aus der eingeblendeten Liste den gewünschten Eintrag auswählen.

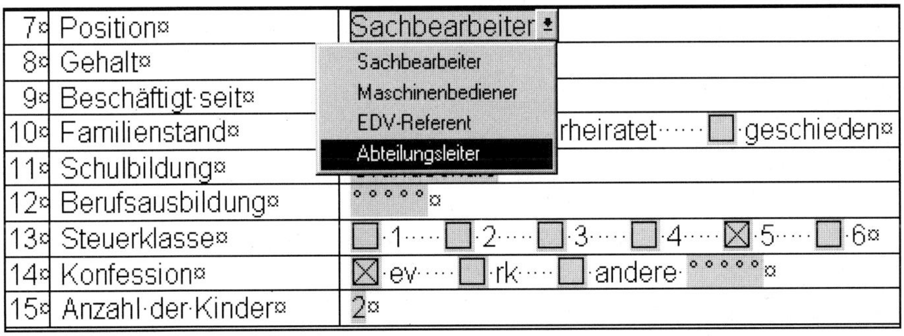

6. Klicken Sie in ein Ankreuzkästchen, wird darin ein Kreuz angezeigt. Wird ein Kästchen mit Kreuz angeklickt, wird das Kreuz wieder entfernt.
7. Speichern Sie das Formular nach dem Ausfüllen als „normales" *Word*-Dokument. Für ein neues Formular wählen Sie wieder das Menü *Datei / Neu...*
8. Wenn Sie den Formularaufbau ändern möchten, z.B. Zeilen ergänzen oder auch mal Schreibfehler korrigieren, müssen Sie das Formular als Vorlagendokument öffnen. Dazu schließen Sie zunächst das angezeigte Formular und wählen das Menü *Datei / Öffnen...*
   Als Dateityp wählen Sie *Dokumentvorlage (*.dot)* und suchen im Ordner *Vorlagen* nach dem Namen des Formulars.
   Sobald Sie das Formular geändert haben, speichern Sie es unter dem gleichen Namen (mit der Endung *.dot) wieder ab.

Notizen

11 Ganz schön übersichtlich - Gliederungen und Verzeichnisse

1 Homebanking¶
- 1.1 *Was·ist·Homebanking?¶*
  - 1.1.1 Wie·steht·es·mit·der·Sicherheit?¶
  - 1.1.2 Ist·meine·Bank·auch·dabei?¶
- 1.2 *Die·Homebanking-Anwendung¶*
  - 1.2.1 Wie·wird·Homebanking·gestartet?¶
  - 1.2.2 Die·ersten·Schritte¶
- 1.3 *Homebanking·in·der·Praxis¶*
  - 1.3.1 Ausfüllen·von·Überweisungsformularen¶
- 1.4 *Der·Umgang·mit·Makros¶*
  - 1.4.1 Wie·Makros·erstellt·werden¶
  - 1.4.2 Wie·Makros·ausgeführt·werden¶
  - 1.4.3 Ein·Beispiel¶

Wie Sie Ihre Überschriften gliedern, erfahren Sie ab
Seite 168

Nummerieren Sie die Kapitel automatisch.
Seite 170

Inhaltsverzeichnis¶
¶

Inhaltsverzeichnisse mit Seitenzahlen erstellen.
Seite 172

Index

A

B

Wie Sie Stichworte in den Index (Inhaltsverzeichnis) bringen, steht auf
Seite 174

11 Ganz schön übersichtlich - Gliederungen und Verzeichnisse

Gliederungen kennen Sie vielleicht noch von der guten alten Schulzeit: Sie erstellen Überschriften für die Hauptbestandteile Ihrer Arbeit und ändern deren Anordnung, bis eine Struktur für das Dokument entstanden ist.
Dabei kann man Gliederungen wie einen Baum mit seinen Ästen aufbauen. Die Gliederungsebene 1 unterteilt den Text z.B. in die Kapitelüberschriften. Die Gliederungsebene 2 unterteilt die Kapitelüberschriften in Abschnittsüberschriften, während die Gliederungsebene 3 die Abschnitte in Unterabschnitte unterteilt, u.s.w.

Beispiel einer Gliederung:

Kapitelüberschrift (Hauptkapitel)	**Gliederungsebene 1**
Abschnitt (Abschnittsüberschrift)	**Gliederungsebene 2**
Unterabschnitt (Unterüberschrift)	**Gliederungsebene 3**
Fließtext („normaler Text")	Inhalt der Kapitel, Abschnitte, Unterabschnitte

11.1 So entsteht eine Gliederung

➢ **Ziel:**

Sie können eine Gliederung erstellen und den Gliederungsebenen Nummerierungen zuweisen.

➢ **Lösung:**

1. Öffnen Sie ein neues leeres Dokument und geben Sie die folgenden Überschriften als Übungstext ein:

    Homebanking
    Was ist Homebanking?
    Wie steht es mit der Sicherheit?
    Ist meine Bank auch dabei?
    Die Homebanking-Anwendung
    Wie wird Homebanking gestartet?
    Die ersten Schritte
    Homebanking in der Praxis
    Ausfüllen von Überweisungsformularen
    Der Umgang mit Makros
    Wie Makros erstellt werden
    Wie Makros ausgeführt werden
    Ein Beispiel

2. Klicken Sie in der linken unteren Bildschirmecke auf das kleine Symbol *Gliederungsansicht.*

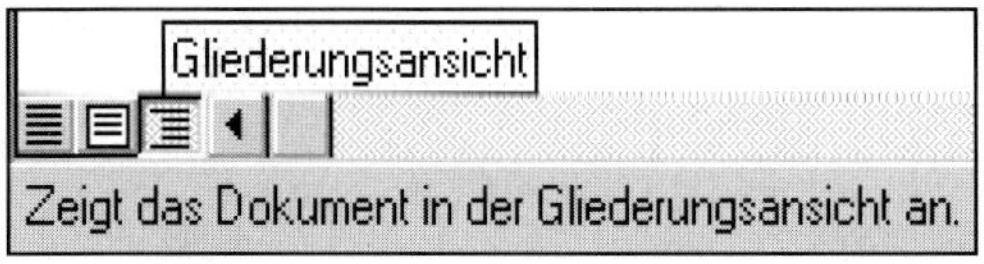

In dieser speziellen Ansicht werden nachher Gliederungssymbole angezeigt, die zum übersichtlichen Arbeiten dienen.
Word blendet jetzt zusätzlich eine Gliederungs-Symbolleiste ein.

3. 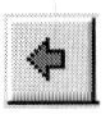 Klicken Sie irgendwo in die Zeile *Homebanking* und dann auf das Symbol *Höherstufen.* Die Überschrift wird zur Gliederungsebene 1.

4.  Klicken Sie in die Zeile *Was ist Homebanking?* und dann auf das Symbol *Tieferstufen.* Die Überschrift wird zur Gliederungsebene 2.

Weisen Sie auch den anderen Überschriften die Gliederungsebene 2 zu. In der folgenden Abbildung sehen Sie die Überschriften:

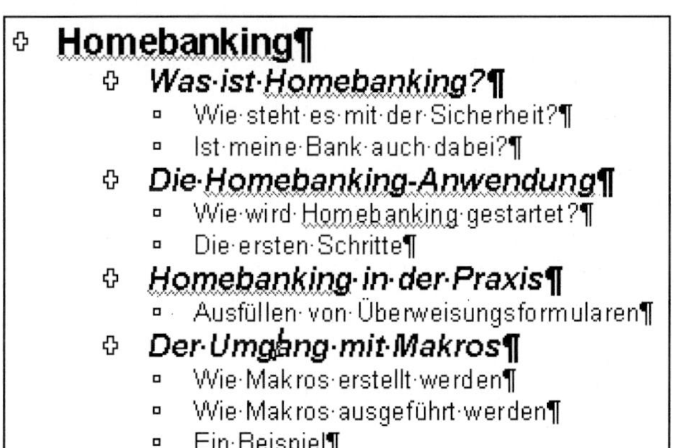

5. Markieren Sie unter der Überschrift *Was ist Homebanking?* die beiden Zeilen.

    Klicken Sie dann auf das Symbol *Tieferstufen*, damit die Unterkapitel-Überschriften zur Gliederungsebene 3 heruntergestuft werden.

   - **Homebanking¶**
     - ***Was·ist·Homebanking?¶***
       - Wie·steht·es·mit·der·Sicherheit?¶
       - Ist·meine·Bank·auch·dabei?¶

   Verfahren Sie ebenso mit den anderen noch nicht bearbeiteten Überschriften:

   - **Homebanking¶**
     - ***Was·ist·Homebanking?¶***
       - Wie·steht·es·mit·der·Sicherheit?¶
       - Ist·meine·Bank·auch·dabei?¶
     - ***Die·Homebanking-Anwendung¶***
       - Wie·wird·Homebanking·gestartet?¶
       - Die·ersten·Schritte¶
     - ***Homebanking·in·der·Praxis¶***
       - Ausfüllen·von·Überweisungsformularen¶
     - ***Der·Umgang·mit·Makros¶***
       - Wie·Makros·erstellt·werden¶
       - Wie·Makros·ausgeführt·werden¶
       - Ein·Beispiel¶

6. Klicken Sie in irgendeine Überschrift und wählen Sie das Menü *Format / Überschriften nummerieren...* Im gleichnamigen Dialogfeld klicken Sie in das obere mittlere Feld. Möchten Sie zusätzliche Möglichkeiten zum Anpassen der Nummerierung ausprobieren, klicken Sie auf die Schaltfläche *Bearbeiten...*
   Schließen Sie das Dialogfeld mit einem Klick auf die Schaltfläche *OK.*

➢ **Ergebnis:**

Word hat die Überschriften in verschiedene Gliederungsebenen gestuft und automatisch eine Nummerierung für Ihre Kapitel vorgenommen.

- **1 Homebanking¶**
  - ***1.1 Was·ist·Homebanking?¶***
    - 1.1.1 Wie·steht·es·mit·der·Sicherheit?¶
    - 1.1.2 Ist·meine·Bank·auch·dabei?¶
  - ***1.2 Die·Homebanking-Anwendung¶***
    - 1.2.1 Wie·wird·Homebanking·gestartet?¶
    - 1.2.2 Die·ersten·Schritte¶
  - ***1.3 Homebanking·in·der·Praxis¶***
    - 1.3.1 Ausfüllen·von·Überweisungsformularen¶
  - ***1.4 Der·Umgang·mit·Makros¶***
    - 1.4.1 Wie·Makros·erstellt·werden¶
    - 1.4.2 Wie·Makros·ausgeführt·werden¶
    - 1.4.3 Ein·Beispiel¶

➢ **Hinweise:**

1.  Durch Anklicken eines der Zahlen-Symbole 1 - 8 können Sie alle weiteren Gliederungsebenenen ausblenden. Klicken Sie z.B. auf das Symbol mit der *1*, werden nur noch die Kapitelüberschriften eingeblendet.
    Mit dem Symbol *Alles* blenden Sie wieder die komplette Gliederung mit allen Texten ein.
2. Einzelne Gliederungsebenen schalten Sie mit  aus oder mit 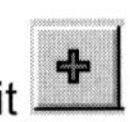 ein. Dazu muß aber vorher die Einfügemarke in die betreffenden Zeile positioniert werden.
3. 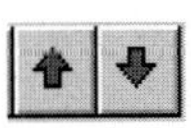 Setzen Sie die Einfügemarke in eine beliebige Gliederungsebene. Um den Gliederungspunkt, also die Gliederungszeile, innerhalb der gleichen Ebene nach oben oder nach unten zu verschieben, klicken Sie entweder auf den Aufwärts- oder Abwärtspfeil.
   Die Nummerierung wird von *Word* automatisch angepasst.
4. Um der Gliederung neue Texte, also neue Gliederungsebenen, hinzuzufügen, positionieren Sie einfach die Einfügemarke am Ende der Zeile, <u>nach</u> der Sie eine neue Ebene einfügen möchten. Wenn Sie die <Enter>-Taste drücken, wird die gleiche Gliederungsebene in die neue Zeile übertragen. Auch die Nummerierung wird automatisch angepasst.
5. Den eigentlichen Fließtext geben Sie am besten in der *Layoutansicht ein.*

Notizen

11.2 So entsteht ein Inhaltsverzeichnis

Nachdem Sie eine Gliederung erstellt haben, können Sie ganz leicht ein Inhaltsverzeichnis einfügen, welches Ihnen die Seitenzahlen der Kapitel automatisch anzeigt.
Voraussetzung für eine automatische Erstellung eines Inhaltsverzeichnisses ist allerdings, dass Sie die Gliederungsebenen mit den verschiedenen Überschriften so zuweisen, wie das im Kapitel 11.1 beschrieben wurde.

Das Besondere an dem Inhaltsverzeichnis ist, dass Änderungen in der Gliederungsansicht durch einen Tastendruck im Inhaltsverzeichnis berücksichtigt werden. Das gilt auch für die Seitenzahlen!

➢ **Ziel:**

Sie können ein Inhaltsverzeichnis erstellen.

➢ **Lösung:**

1. Setzen Sie die Einfügemarke an die Position im Dokument, an der das Inhaltsverzeichnis eingefügt werden soll.
2. Wählen Sie das Menü *Einfügen / Index und Verzeichnisse...* Auf der Registerkarte *Inhaltsverzeichnis* wählen Sie ein Format, z.B. *Elegant.* Im Feld *Vorschau* wird das gewählte Format schon einmal angezeigt.

   Wenn Sie Zugriff auf weitere Möglichkeiten haben wollen, klicken Sie auf die Schaltfläche *Optionen...*

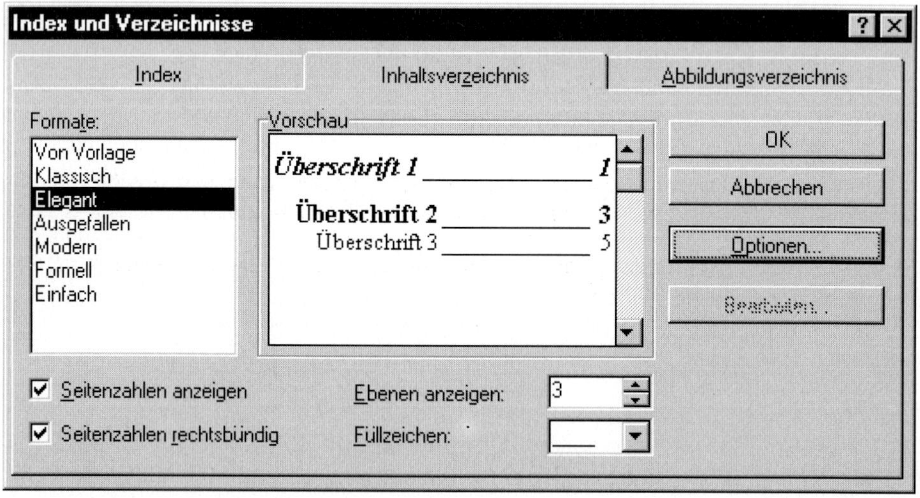

3. Klicken Sie auf die Schaltfläche *OK.*

> **Ergebnis:**

Word fügt das Inhaltsverzeichnis in Form von *Feldern* ein, die bei Änderungen automatisch aktualisiert werden.

Inhaltsverzeichnis¶
¶
1·Homebanking → 2¶
1.1·Was·ist·Homebanking? → 2¶
1.1.1·Wie·steht·es·mit·der·Sicherheit? → 2¶
1.1.2·Ist·meine·Bank·auch·dabei? → 3¶
1.2·Die·Homebanking-Anwendung → 3¶
1.2.1·Wie·wird·Homebanking·gestartet? → 3¶
1.2.2·Die·ersten·Schritte → 4¶
1.3·Homebanking·in·der·Praxis → 4¶
1.3.1·Ausfüllen·von·Überweisungsformularen → 4¶
1.4·Der·Umgang·mit·Makros → 5¶
1.4.1·Wie·Makros·erstellt·werden → 5¶
1.4.2·Wie·Makros·ausgeführt·werden → 5¶
1.4.3·Ein·Beispiel → 6¶

> **Hinweise:**

1. Im Inhaltsverzeichnis können Sie doppelt auf eine Seitenzahl klicken. Sie „springen" dann sofort auf die Seite mit der entsprechenden Überschrift.
2. Nach Änderungen in der Gliederung klicken Sie in das Inhaltsverzeichnis und drücken Sie die <F9>-Taste. Das Inhaltsverzeichnis wird dann aktualisiert. In einem Dialogfeld können Sie sogar noch wählen, ob nur die Seitenzahlen aktualisiert werden sollen oder ob ein neues Inhaltsverzeichnis erstellt werden soll.
3. Haben Sie das Inhaltsverzeichnis am Textanfang eingefügt und ist beim Ausdruck die Seitenzahl nicht korrekt, klicken Sie in das Inhaltsverzeichnis und drücken Sie ebenfalls die <F9>-Taste.
   Die Seitennummern sind dann korrekt. Die Seite 1 ist dann die erste Seite des Inhaltsverzeichnisses.

Notizen

11.3 So entsteht ein Stichwortverzeichnis (Index)

➢ **Ziel:**

Sie können Ihrem Text ein Stichwortverzeichnis hinzufügen.

➢ **Lösung:**

1. Markieren Sie das Wort, die Wörter oder den Wortteil, der als Stichwort in den Index aufgenommen werden soll.
2. Wählen Sie das Menü *Einfügen / Index und Verzeichnisse...* Im Dialogfeld ist bereits das von Ihnen markierte Wort als *Haupteintrag* vordefiniert.
3. Klicken Sie auf *Festlegen*, um den Eintrag in die Indexverwaltung aufzunehmen.
4. Das Dialogfeld wird nicht geschlossen. Sie haben dadurch die Möglichkeit, mehrere Indexeinträge nacheinander festzulegen.
   Dazu markieren Sie im Text den nächsten gewünschten Eintrag und wechseln mit einem Mausklick wieder in das Dialogfeld. Automatisch erscheint der markierte Text wieder als Haupteintrag. Sie können dann mit *Festlegen* auch diesen Begriff in die Indexverwaltung aufnehmen.

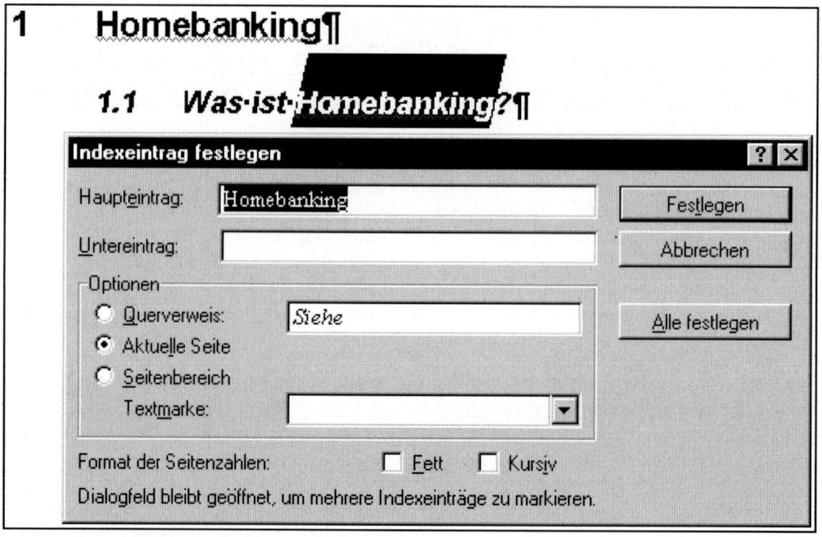

5. Wenn alle Begriffe aufgenommen wurden, klicken Sie auf *Schließen.*
6. In Ihrem Text erscheinen eigenartige Sonderzeichen, die Sie jedoch nicht stören sollen. Sie werden nicht gedruckt. *Word* braucht jedoch diese Informationen, um später den Index zu erstellen.

7. „Springen“ Sie mit <Strg> + <Ende> an das Ende des Dokuments.
8. Fügen Sie mit <Strg> + <Enter> eine neue Seite ein.
9. Schreiben Sie das Wort *Index* als Überschrift für das Stichwortverzeichnis und drücken Sie die <Enter>-Taste.
10. Wählen Sie das Menü *Einfügen / Index und Verzeichnisse...* und klicken Sie darin auf die Registerkarte *Index.*
11. Wählen Sie ein Format aus, z.B. *Modern,* klicken Sie auf *Seitenzahlen rechtsbündig*, wählen Sie bei *Füllzeichen* eine gepunktete Linie aus und klicken Sie dann auf *OK.*

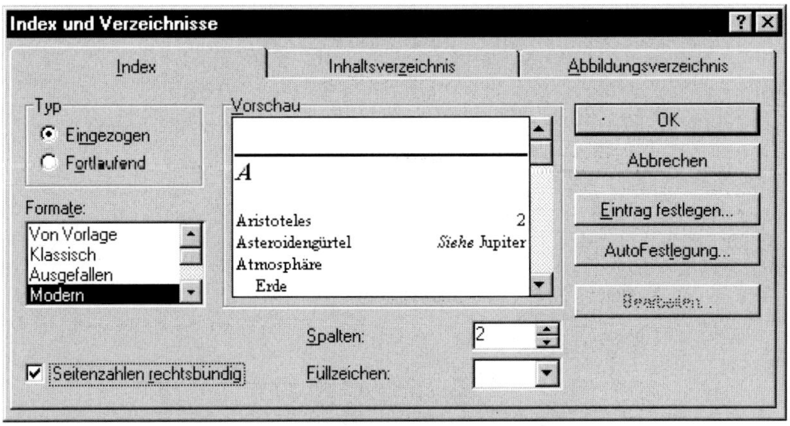

➢ **Ergebnis:**

Word erstellt den Index an der Einfügemarke, z.B. in Spalten.

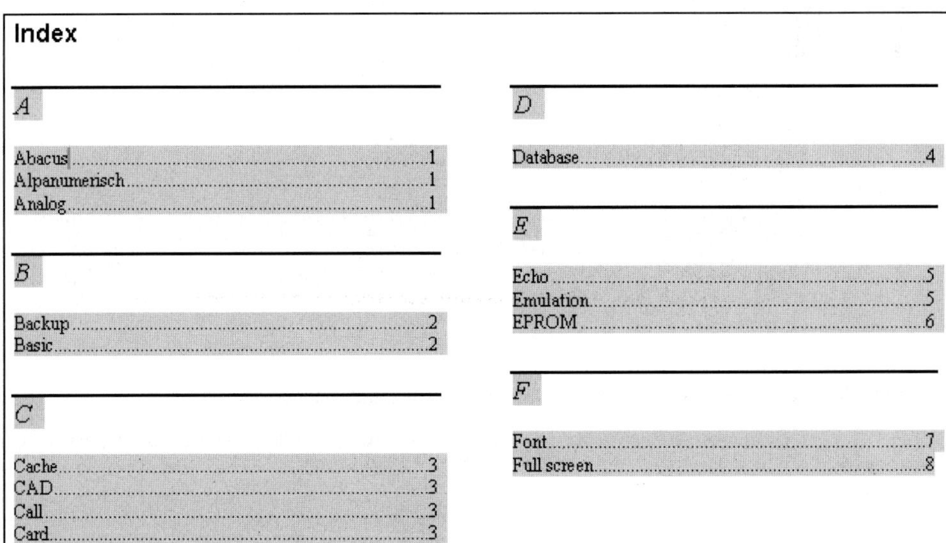

12 Wie beim Videorecorder - Makros zeichnen Arbeitsschritte auf

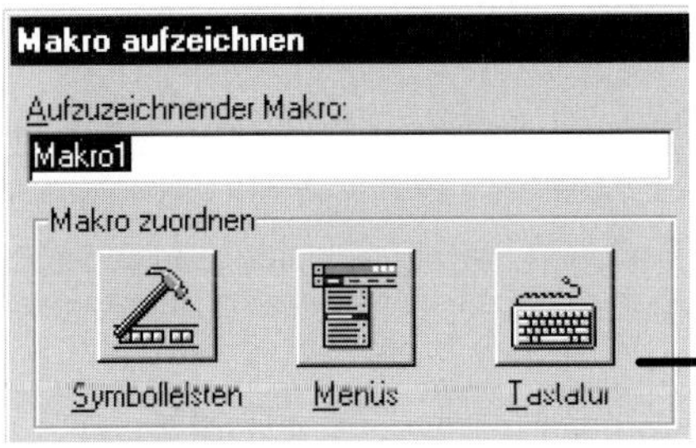

Ein Makro ist eine Aneinanderreihung von beliebigen Befehlen. Die von Ihnen ausgewählten Befehle werden einfach aufgezeichnet.
Seite 178

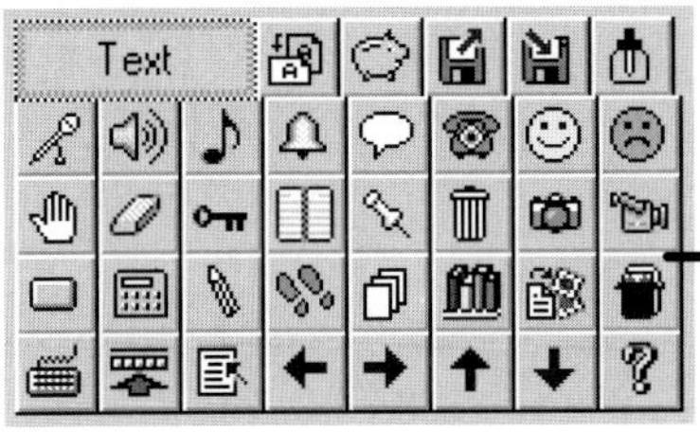

Einem Makro kann ein Symbol zugeordnet werden.
Seite 179

Zeichnen Sie z.B. verschiedene Formatierungsbefehle auf und starten Sie das Makro per Mausklick
Seite 180

PC-Profi **PC-PROFI**

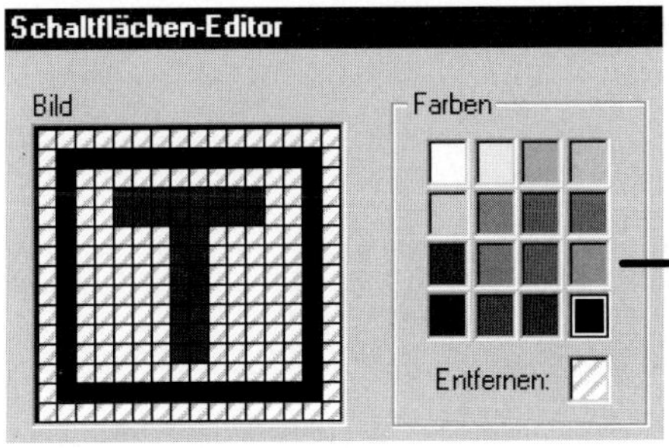

Sie können auch selber ein Symbol für Ihr Makro zeichnen.
Seite 181

Wie beim Videorecorder - Makros zeichnen Arbeitsschritte auf

Lassen Sie doch mal Ihre langweiligsten Aufgaben von *Word* erledigen. Ganz automatisch! Sie müssen *Word* nur mitteilen, was getan werden soll. Dazu werden verschiedene Befehlsfolgen wie mit einem Recorder aufgezeichnet und auf Mausklick wiedergegeben. Eine solche Automatisierung wird als *Makro-Aufzeichnung* bezeichnet.

Ein *Makro* ist eine Aneinanderreihung von beliebigen Befehlen in einer bestimmten Programmiersprache (WordBasic). Aber keine Angst, Sie müssen die Programmiersprache nicht lernen, um Makros erstellen zu können. Makros werden in *Word* nämlich einfach aufgezeichnet. D.h., alle Befehle, die Sie mit der Maus auswählen, können zu einem späteren Zeitpunkt wiedergegeben werden.

Bevor die eigentliche Aufzeichnung gestartet wird, können Sie wählen, ob das Makro später durch einen Klick auf ein Symbol, in einem Menü oder über eine Tastenkombination gestartet werden soll.

Beispiel:
Einem bereits markierten Text sollen verschiedene Attribute zugewiesen werden. Das Auswählen der Attribute soll aufgezeichnet werden, um damit später auch andere Texte zu formatieren.
Es sollen Schriftstil, Schriftgröße, Schriftfarbe und Ausrichtung formatiert werden.

➢ **Ziel:**

Sie können ein Makro einem Symbol zuweisen und das Makro aufzeichnen.

➢ **Lösung:**

1. Schreiben Sie einen Text oder markieren Sie einen in Ihrem Beispieldokument „PC-Profi".
2. Wählen Sie das Menü *Extras / Makro...*
3. Tragen Sie im Dialogfeld unter *Makroname* den Namen des Makros, z.B. *Titelformat*, ein. Hinweis: Wenn Sie Makronamen aus mehreren Wörtern verwenden möchten, dürfen Sie zwischen den Wörtern kein Leerzeichen lassen.
4. Im Feld *Makros aus:* wählen Sie *Normal.Dot.*
5. Klicken Sie auf *Aufzeichnen...*

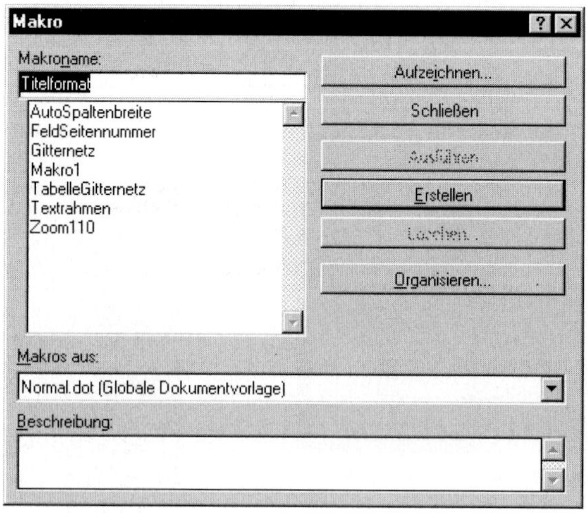

6. Im Dialogfeld *Makro zuordnen* klicken Sie auf die Schaltfläche *Symbolleisten*.

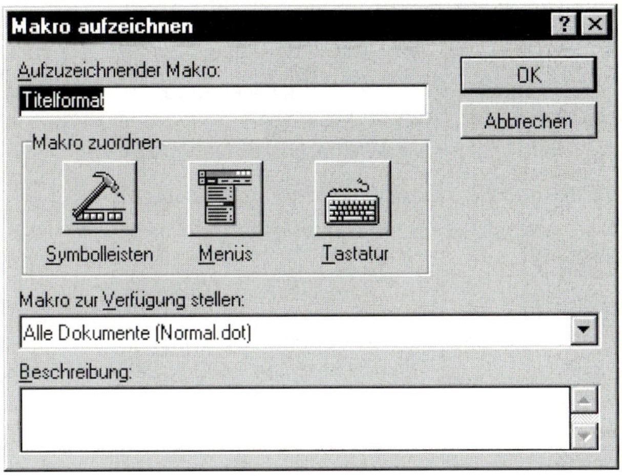

7. Im folgenden Dialogfeld klicken Sie auf den Namen *Titelformat*, halten die linke Maustaste gedrückt und ziehen den Eintrag hoch in eine *Word*-Symbolleiste. Dort lassen Sie die Maustaste los.

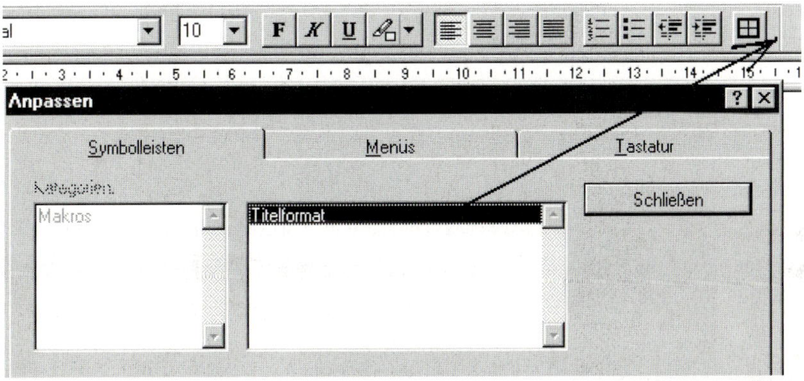

8. Im Dialogfeld *Benutzerdefinierte Schaltfläche* klicken Sie auf ein Symbol, welches Sie dem Makro zuordnen möchten.

9. Klicken Sie auf die Schaltfläche *Zuordnen.*

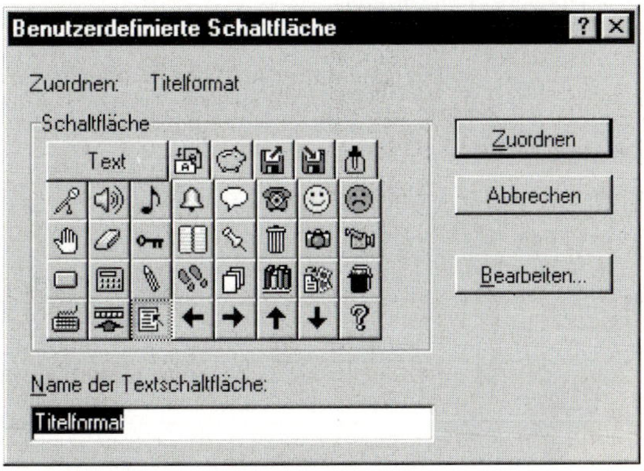

10. Klicken Sie im Dialogfeld *Anpassen* auf *Schließen*.
11. Wählen Sie das Menü *Format / Zeichen...* und stellen Sie wie gewohnt mit der Maus die gewünschten Zeichenformate ein. Beispielsweise Schriftschnitt *Fett*, Schriftgrad *12*, Schriftfarbe *Blau* und Darstellung in *Kapitälchen*. Klicken Sie auf *OK*.
    Klicken Sie noch in der Format-Symbolleiste auf *Zentriert*.
12. Drücken Sie die Taste <Ende>, damit die Markierung aufgehoben wird.
13. Klicken Sie in der Makro-Symbolleiste auf *Aufzeichnung beenden*.

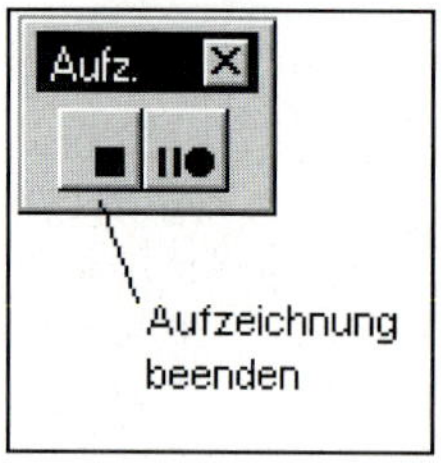

➢ **Ergebnis:**

Sie haben ein Makro erstellt, indem Sie einfach mehrere Funktionen aufgezeichnet haben.

➢ **Ziel:**

Sie können das Makro ausführen.

➢ **Lösung:**

Markieren Sie einen beliebigen Text und klicken Sie dann auf das Symbol in der Symbolleiste, welches Sie Ihrem Makro zugewiesen haben.

➢ **Ergebnis:**

Der markierte Text wird sehr schnell durch das Makro formatiert.

Notizen

➢ **Hinweise:**

1. Sie können ein Makro auch über das Menü *Extras / Makro...* und das Dialogfeld *Makro* aufrufen. Dazu wählen Sie in der Liste des Dialogfelds den Makronamen aus und klicken auf die Schaltfläche *Ausführen.*

2. Eine Schaltfläche kann auch nachträglich bearbeitet, d.h. mit einem Motiv Ihrer Wahl gezeichnet werden. Dazu gehen Sie so vor:

   a) Klicken Sie mit der rechten Maustaste in eine beliebige Symbolleiste.
   b) Wählen Sie den Eintrag *Anpassen...*
   c) Klicken Sie dann mit der rechten Maustaste auf das zu ändernde Symbol.
   d) Im Menü wählen Sie den Eintrag *Schaltflächensymbol bearbeiten...*

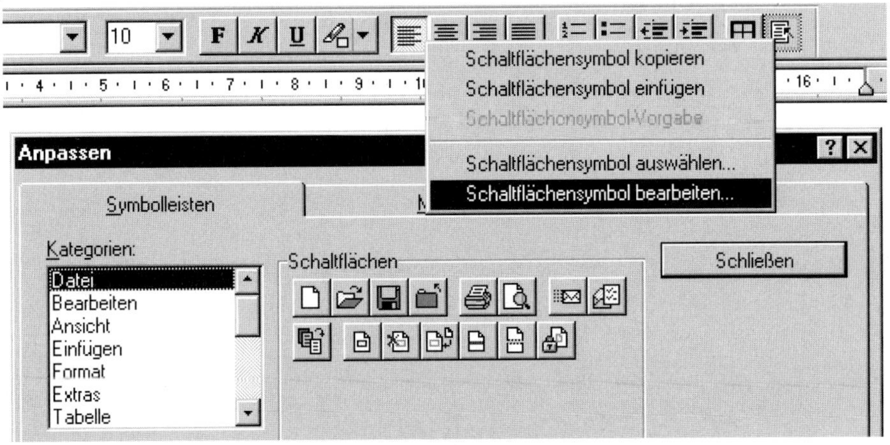

   e) Im Dialogfeld *Schaltflächen-Editor* können Sie dann ein anderes Symbol zeichnen. Klicken Sie dazu erst auf ein Farbfeld und dann in das Bild. Mit gedrückter linker Maustaste können Sie im Bild auch Linien ziehen.

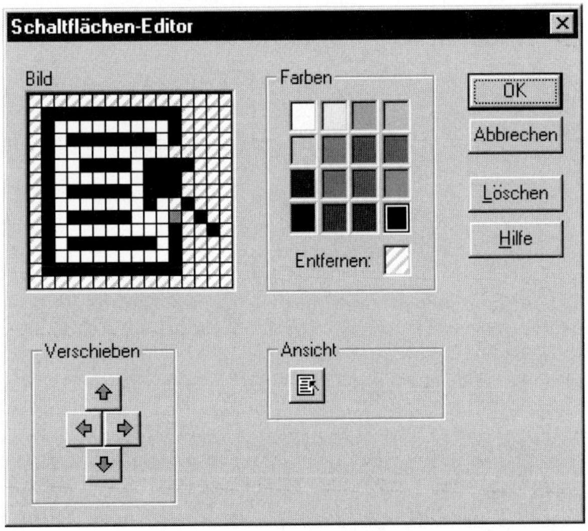

13 Wie es Ihnen gefällt - Word passt sich an

Symbolleisten können Sie an beliebiger Stelle auf der Arbeitsfläche anordnen und in der Größe verändern.
Seite 184

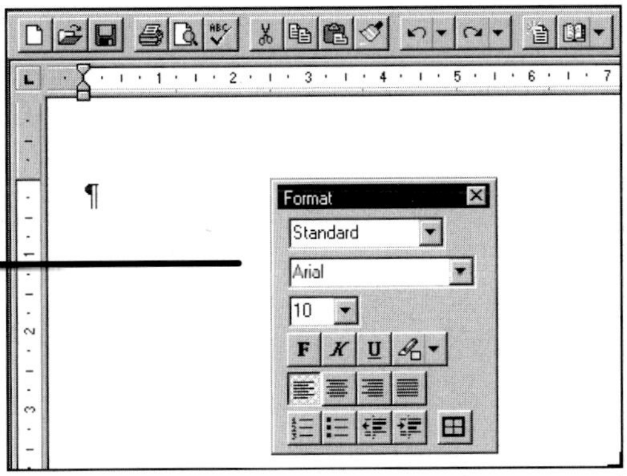

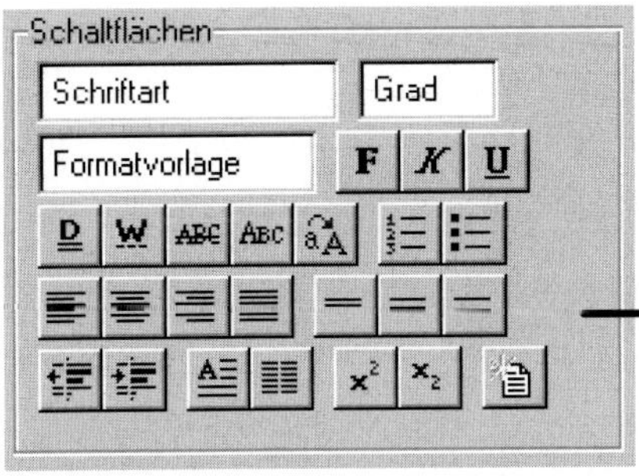

Aus einer Symbolleiste können Symbole entfernt werden und andere hinzugefügt werden.
Seite 185

Mühelos erstellen Sie eine eigene Symbolleiste mit Symbolen, die Sie oft benötigen.
Seite 186

Wie es Ihnen gefällt - Word passt sich an

Word bietet eine Menge Symbole und einige Symbolleisten. Je nach Bedarf können Sie die Symbolleisten verschieben, neue Symbole darin aufnehmen oder vorhandene Symbole aus einer Symbolleiste entfernen. Sogar eigene Symbolleisten, die nur oft benötigte Symbole enthalten, können Sie zusammenstellen.

➢ **Ziel:**

Sie können eine Symbolleiste verschieben.

➢ **Lösung:**

1. Bewegen Sie den Mauszeiger auf einen Freiraum zwischen zwei Symbolen oder deutlich neben ein Symbol. Der Mauszeiger muss aber noch mit der Spitze in die Symbolleiste zeigen.
2. Halten Sie die linke Maustaste gedrückt und ziehen Sie die Symbolleiste an ihren neuen Platz. Danach können Sie die Maustaste loslassen.

➢ **Ergebnis:**

Die Symbolleiste steht jetzt auf der Arbeitsfläche.

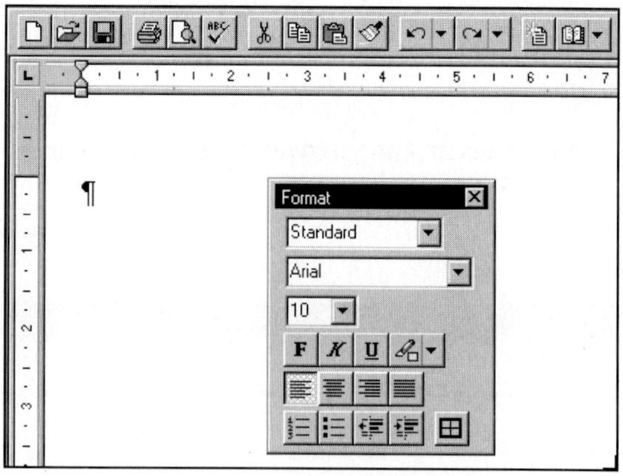

➢ **Hinweis:**

Um die Symbolleiste zu verschieben, lassen Sie in der Titelleiste die linke Maustaste gedrückt und ziehen die Symbolleiste an eine andere Stelle.

Wenn Sie in der Titelzeile einen Doppelklick ausführen, wird die Symbolleiste automatisch wieder oben im Programmfenster verankert.

➢ **Ziel:**

Sie können wenig oder nie benötigte Symbole aus der Symbolleiste entfernen und ein anderes Symbol hinzufügen.

➢ **Lösung:**

1. Bewegen Sie den Mauszeiger auf das Symbol, welches Sie entfernen möchten, z.B. *Tip-Assistent* . Halten Sie die <Alt>-Taste gedrückt und ziehen Sie dann das Symbol mit gedrückter linker Maustaste aus der Symbolleiste heraus. Auf dem *Word*-Arbeitsbereich lassen Sie die Maustaste los.
2. Wählen Sie das Menü *Ansicht / Symbolleisten...* und klicken Sie auf *Anpassen...*

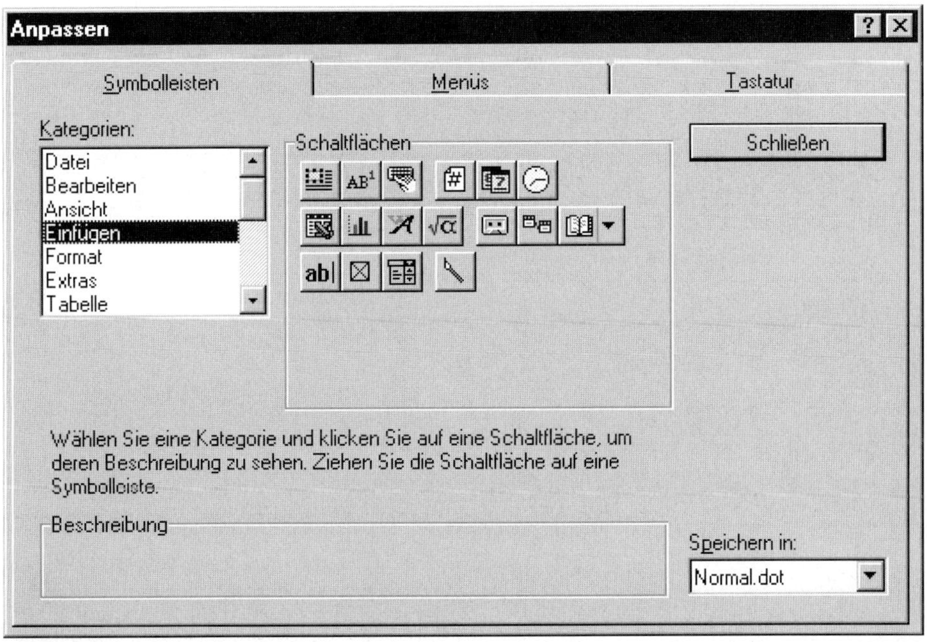

3. Auf der Registerkarte *Symbolleisten* wählen Sie eine Kategorie, aus der Sie ein Symbol „herausholen“ möchten.

4. Ziehen Sie das Symbol mit gedrückter linker Maustaste in eine vorhandene Symbolleiste. An der gewünschte Stelle, z.B. zwischen zwei vorhandenen Symbolen, lassen Sie die Maustaste los.

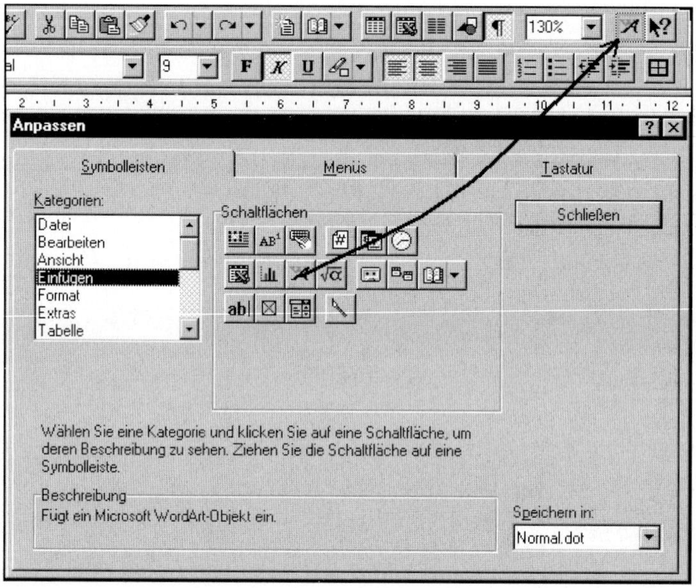

5. Klicken Sie auf *OK.*

➢ Ergebnis:

In der Symbolleiste erscheint jetzt an Stelle des alten Symbols das von Ihnen ausgewählte Symbol.

➢ Hinweis:

Wenn Sie ein Symbol nicht in eine bestehende Symbolleiste, sondern in den *Word*-Arbeitsbereich ziehen, wird automatisch eine neue Symbolleiste erstellt.

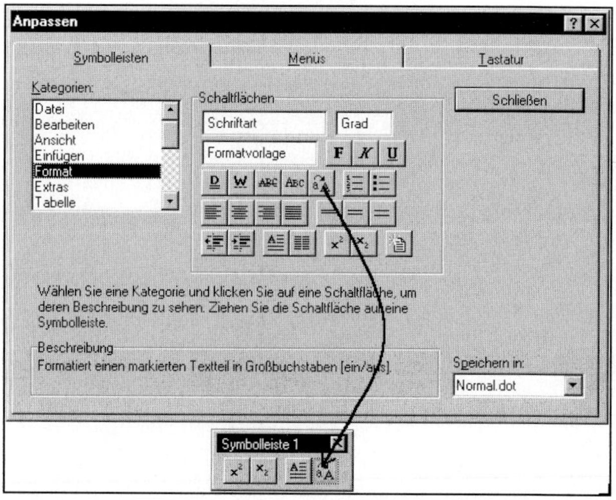

> **Ziel:**

Sie können Symbolleisten ein- und ausblenden.

> **Lösung:**

Wählen Sie das Menü *Ansicht / Symbolleisten...* Im Dialogfeld können Sie in ein Kontrollkästchen mit Haken klicken, um die Symbolleiste auszublenden. Klicken Sie jedoch in ein leeres Kontrollkästchen, wird ein Haken gesetzt und die Symbolleiste angezeigt.

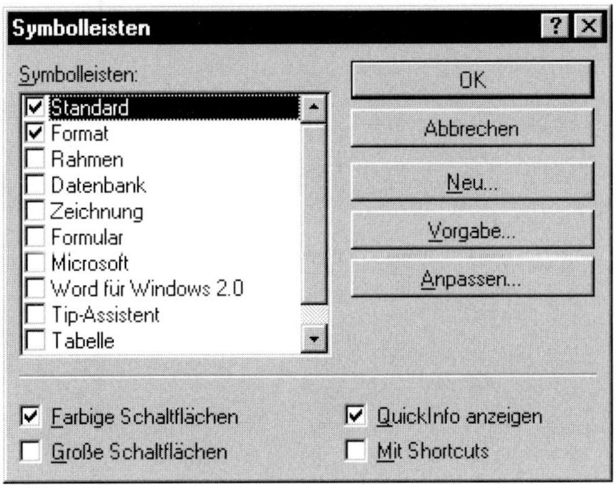

> **Hinweis:**

Über die Schaltfläche *Neu...* können Sie auch eine neue Symbolleiste anlegen und dieser einen Namen geben. Der Name der neuen Symbolleiste erscheint dann im Dialogfeld *Symbolleisten.*

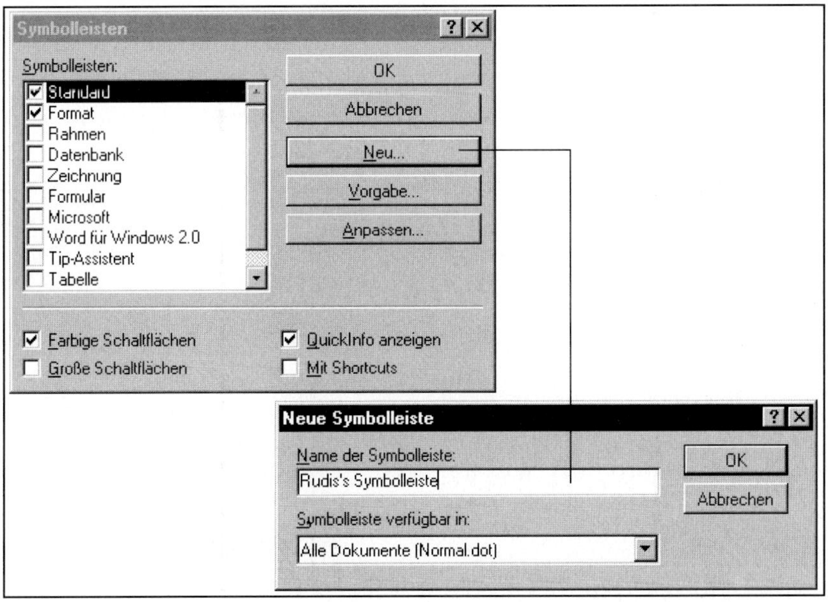

A

B

D

E

Praxis-Index

Praxis-Index